U0851573

抖音攻略

手把手教你打造 IP 和流量变现

王跃凝
/著

中国铁道出版社有限公司
CHINA RAILWAY PUBLISHING HOUSE CO., LTD.

图书在版编目(CIP)数据

抖音攻略：手把手教你打造IP和流量变现 / 王跃凝著．-- 北京：中国铁道出版社有限公司，2019.11

ISBN 978-7-113-26195-5

Ⅰ.①抖…　Ⅱ.①王…　Ⅲ.①网络营销　Ⅳ.①F713.365.2

中国版本图书馆CIP数据核字(2019)第186662号

书　　名：抖音攻略：手把手教你打造IP和流量变现

作　　者：王跃凝

责任编辑：马慧君　　**编辑部电话：**010-51873005

封面设计：刘　莎

责任校对：王　杰

责任印制：赵星辰

出版发行：中国铁道出版社有限公司（100054，北京市西城区右安门西街8号）

网　　址：http://www.tdpress.com

印　　刷：三河市宏盛印务有限公司

版　　次：2019年11月第1版　2019年11月第1次印刷

开　　本：700 mm×1 000 mm　1/16　**印张：**14.25　**字数：**183千

书　　号：ISBN 978-7-113-26195-5

定　　价：56.00元

序

没有人想到，诞生于2016年9月的抖音短视频会在这两年时间里“野蛮生长”，跻身行业首位。同样让人没想到的是，在新媒体时代，短视频会异军突起，成为一种新生力量，不断蚕食“长视频”内容的“固有领土”。

新生事物总是具有顽强的生命力，但它们究竟能够走多远，还需要看行业的发展，以及自身的固有属性如何。从当前短视频行业的发展趋势来看，以抖音为代表的短视频平台经历了辉煌的“上半场”后，正在走入优胜劣汰的“下半场”。

这里所说的“优胜劣汰”不仅是指短视频平台，同时也是指短视频内容的运营者。

在2018年，短视频行业借助流量红利迅猛发展，活跃用户不断刷新纪录，通过短视频内容实现商业变现的运营者更是层出不穷。到了2019年，这种一派繁华的景象依然在延续，但平台与平台之间，运营者与运营者之间的竞争变得越来越激烈，竞争的焦点也在悄然发生改变。

在短视频行业的“上半场”中，由于粉丝不断涌入短视频平台，流量红利可以持续保证内容运营者获得关注。在这种形势下，即使内容质量不高、同质化情况严重，运营者依然可以借助不断增加的粉丝来实现价值变现。

但到了短视频行业的“下半场”，流量红利逐渐消失，短视频平台的用户数量也趋于稳定。运营者必须从有限用户中争夺粉丝，同质化内容增多极大影响了用户体验，优质内容成了粉丝关注的焦点。这种变化也推动着平台和运营者运营策略的转变。

抖音平台在2018年陆续推出了许多新功能，同时也加强了对内容的审核与监管。平台正在向着越来越规范的方向发展，运营者同样也需要据此来做出改变，此前依靠噱头和“擦边球”来吸引粉丝的内容将被封禁，依靠原创的内容则会更多被推荐。内容质量已经成为短视频平台上运营成败的关键。

在运营上，抖音短视频与其他新媒体平台有许多相似的地方，但也有一些独具特色的地方。作为以短视频内容为主的平台，抖音运营更多侧重于依靠视频内容来获得关注，一个“短”字更是突出了抖音运营的独到之处。如何利用短时间的视频内容吸引更多用户关注，成了运营者能否成为抖音达人，实现商业变现的关键。

在本书中，除了介绍抖音运营中的内容运营、粉丝运营等基础运营知识和技巧外，还着重介绍了抖音短视频商业变现的具体模式和方法。运营方法固然重要，如果不能顺利实现商业变现，整个运营工作就会失去价值。

本书选取了一些抖音头部达人商业变现的案例，详细介绍了抖音短视频变现的具体流程，为不同类型视频内容运营者有针对性地推荐了一些变现模式。从最基本的承接广告变现，到当前较为主流的“直播+电商”变现，运营者可以结合自己的实际情况，选择更适合自己的商业变现模式。

当然，作为商业变现基础的内容运营和粉丝运营也是本书着力介绍的重点。区别于大多新媒体平台的内容运营，抖音短视频在内容运营上更注重个人IP的塑造。在本书中，针对这一方面的内容也有较为详尽的论述。

这本书既可以作为新手运营者的入门教程，又可以帮助有经验的运营者补足自己运营工作中的缺失，对于运营者了解抖音短视频平台以及抖音特有的算法机制也有很大帮助，是一本不可多得的抖音攻略大全。

对于抖音运营者来说，这是最好的时代，也是最坏的时代。好在机遇仍然普遍存在，坏在竞争导致的优胜劣汰。与大多数新媒体平台一样，经过流量红利阶段之后，只有真正掌握了运营技巧，懂得商业变现的运营者，才能立于不败之地。

目录

第2章

内容IP，胜者为王 035

第3章

个人IP，我最闪亮 059

第1章 ONE 初见抖音，一见倾心

1.1　短视频时代

1.1.1　短视频兴起的原因

2019年初，短视频历经了过去一年的爆发性增长，整个行业的格局趋于稳定。快手和抖音占据着短视频行业的半壁江山，其他视频平台虽然也在崛起，但“一山二虎”的局面依然没有被打破。在畅想未来的短视频行业趋势之前，我们有必要先详细了解一下短视频行业的发展历程。

移动互联网时代，智能手机成了人们生活中必不可少的设备。有些人甚至一离开手机就会变得忧心忡忡，从某种意义上来讲，手机已经成了某些人身体的“一个重要部分”。

坐公交、上厕所、吃饭，每时每刻都有人在盯着手中的手机屏幕。借助于智能手机，短视频也像一种“爆炸信息”般在人群中迅速传播开来。很多时候，人们刷短视频的时间甚至要超过看长视频的时间。

短视频之所以能够受到人们的喜欢，是因为这些短视频平台上的内容能够满足人们的现实需求。同时，这些内容大多来自于当前社会中的潮流文化，也更容易满足那些具有快速表达欲望的用户群体。

短视频的风靡最初起源于年轻人群体，但随着智能手机普及率不断提高，越来越多的中老年人也成了短视频的拥趸，甚至有子女苦笑父母刷短视频的劲头比自己还要足。

所以，对于近年来短视频的兴起并持续发展，我们可以归纳出几方面的社会诱因。

	短视频平台
腾讯系	QQ空间、微信朋友圈、快手
新浪系	秒拍、酷燃
阿里系	淘宝、土豆
头条系	西瓜视频、火山小视频、抖音、muse
百度系	好看视频、秒懂百科
360系	快视频、快剪辑

1. 移动互联网技术的发展

除了智能手机普及程度加深，4G网络普及、5G技术应用也是短视频行业兴起并发展的一个重要原因。

信息技术的发展为短视频行业的发展提供了技术支持，同时也降低了用户观看短视频所需要付出的流量成本。更为重要的是，技术的革新打破了视频观看在时间和空间上的限制，为短视频行业兴起提供了必要的技术前提。

2. 用户心理需求的变化

生活节奏加快，信息碎片化程度不断加深，也是短视频兴起的一个重要原因。为了能够更多地获得信息，人们需要利用每一段可以利用的碎片化时间。巧合的是，短视频正好是填补碎片化时间的利器。正是基于这种"巧合"，短视频开始成为人们消耗碎片化时间的主要选择。

相比于图片、文字、长视频等其他内容载体，短视频更具有冲击力，它可以在短时间内输出优质内容，从而满足人们利用碎片化时间的心理需求。而短视频在社交方面的属性，更是满足了人们扩大交际范围、展现个性魅力的心理需求。

操作简单、节省时间则让更多用户可以轻松加入到短视频制作的行列中，而不必为此感到负担。可以说，短视频的出现恰好满足了当代用户的心理需求。

3. 短视频蕴含着巨大的商业价值

在一般用户眼中，短视频是一种娱乐工具，但在大多数运营者眼中，短视频则是一种赚钱的手段。与其他形式的产品一样，短视频本身也蕴含着巨大的商业价值。根据今日头条给出的数据显示，自2016年以来，我国各类短视频相关创业项目的融资规模已经达到了53.7亿元，仅2016年一年时间，在短视频内容创业方面发生的融资就超过了30笔。对于大多数投资者来说，短视频已经成为一个新的风口。

短视频行业拥有广阔的市场空间以及较高的投资回报率，这是大多数投资者和商业巨头入局的一个重要原因。近年来，短视频的“吸粉”能力更是坚定了投资者们的投资信心。

大量资本涌入短视频市场，促进了短视频平台数量的增长，也加剧了平台与平台间的竞争。在激烈竞争地催动下，越来越多的短视频优质内容不断出现，这让短视频行业的发展变得更加健康。

4. 短视频创业者剧增

在当前这个创新创业时代，创业者们都在紧盯市场机遇。短视频行业的兴起，吸引了众多创业者纷纷涌入其中，这些内容创业者凭借自己的想象力和创造力为短视频行业带来了许多优质的创意内容。短视频创业者数量的增加也成为短视频行业迅速发展的重要原因。

1.1.2 短视频行业的发展现状

作为一种新兴的互联网信息传播载体，短视频近年来的发展势头非常迅猛，迅速成为内容传播领域的新宠。

在2018年上半年，火热了一段时间的直播行业陷入沉寂，用户规模下降、商业模式不清等问题让直播行业迟迟无法突破瓶颈，这就为短视频行业发展提供了一个绝佳的机会，发迹于2013年的短视频终于在这半年里顺利实现了弯道超车，并且不断拉开了与线上直播的距离。

从发展阶段来看，到目前为止，短视频行业的发展一共经历了三个阶段。

第一阶段：2013~2015年

这一阶段是短视频的兴起阶段。从这时开始，短视频这一新的信息形式开始逐渐进入到大众视野之中，并成为一种大众休闲娱乐工具。

早期的短视频行业并没有吸引太多人关注，随着美拍、小咖秀、秒拍等短视频软件的出现，人们才逐渐接受了这种视频内容形式。但这一阶段的短视频所表现的更多是娱乐属性，并没有展现社交方面的属性，这也是短视频在当时没有获得大多数用户认可的原因。

第二阶段：2016~2017年

2016年可以算作是短视频行业爆发的一年，以快手为代表的短视频平台突然崛起，然后就是激烈竞争，短视频行业的竞争格局也基本形成。大量资本涌入使得短视频行业呈现出爆发性增长趋势，此后几年，短视频凭借着强劲的势头向其他内容媒体进逼。

第三阶段：2017年后

短视频行业的商业格局基本形成，在政府监管力度加大的情况下，短视频行业的生态更加规范，也更符合社会发展的需求。自此开始，短视频行业开始向“深水区”发展，经过了迅速扩张之后，短视频平台纷纷调整战略来巩固自己的阵地。

短视频的目标受众群体主要以中青年为主，利用移动端手机应用软件，用户可以随时随地观看短视频内容。而随着越来越多的网络视频用户开始依靠移动端来获取视频内容，短视频也成了移动端视频内容主要关注点。

现在，几乎每天都会有上亿用户“沉迷”于各类短视频App，抖音、快手、微视、美拍、火山小视频、西瓜视频等短视频App对用户展开了轮番“轰炸”。

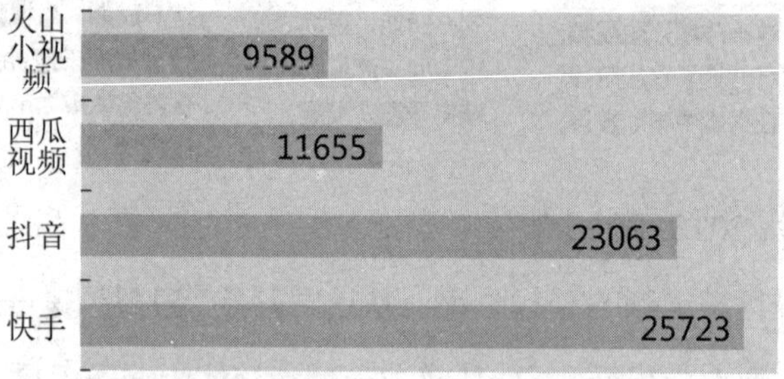

2018年9月短视频App用户月活跃情况（万人）

快手作为短视频行业中的“元老”，从2013年创建到2018年9月，其活跃用户已达2.57亿人次。2016年9月上线的抖音虽然创建时间较晚，但已经成长为短视频行业中的“黑马”，到2018年9月，抖音活跃用户数量已经达到了2.3亿人次。

除了这些头部短视频平台外，短视频领域还有许多其他App，这些App虽然知名度不高，却也同样拥有许多活跃用户。这也正是短视频行业普遍发展、普遍繁荣的一个重要表现。

当前，短视频行业无论是在内容创作量、播放量上，还是在内容覆盖的范围人群上，都可以与主流媒体相媲美。短视频平台也成了电视台、视频网站之外，内容制作与传播领域的新方向。

1.1.3 风靡一时的小咖秀

小咖秀的走红被认为是短视频时代开始的标志，至于这种论断是否存在理论依据，似乎没有多少用户真的去探究。短视频的风潮好像就在一夜之间兴起，当人们发现时，整个行业早已经呈现出了“千树万树梨花开”的景象。

小咖秀是一款自带搞怪功能的视频拍摄软件，用户可以利用小咖秀提供的音频字幕来创作搞笑视频。在创作完视频后，用户还可以将其分享到微博、微信和QQ等社交平台上。

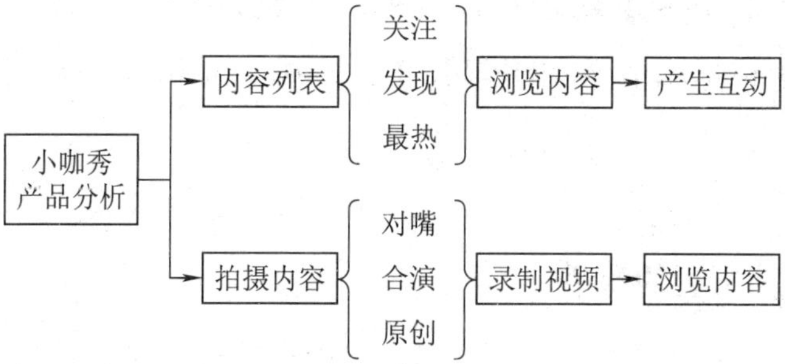

凭借着趣味的视频内容以及便捷的分享方式，小咖秀上线不到两个月便创造了日活跃用户超过100万的佳绩。相比于同一时期的美拍、秒拍等短视频App，小咖秀以一种惊人之势突出重围，成为短视频领域中的佼佼者。

小咖秀的对外宣传口号是“人生如戏全凭演技”，相比于快手的“记录世界，记录你”和抖音的“记录美好生活”，小咖秀的口号更具针对性，表意也更为直接。

从视频内容上，小咖秀以热门影视剧和综艺为剧本，采用对口型的表演方式，让用户在录制视频过程中自由发挥。由于结合了搞怪、时尚等文化要素，小咖秀吸引了大量的90后用户群体。

相比于当前快手和抖音的视频内容，小咖秀的视频内容脱离生活之外，与用户生活的关联并不大。但正是基于这一点，用户才可以在不同场景的剧本中展示自己，一个“秀”字，也恰到好处地展现出了小咖秀的目标定位，就是让用户勇敢“Show”自己。

小咖秀能够从众多短视频App中脱颖而出，与其在营销推广方面的投入有着密切的关联。在营销宣传上，小咖秀团队不仅借助明星效应来吸引粉丝关注，同时还动用微博等热门平台进行推广，极大地扩大了自己的品牌影响力。

借助于社交媒体平台，年轻人们不断分享自己用小咖秀制作的视频，经过病毒式传播之后，这些搞怪视频传遍了大街小巷。

经过一段时间的发展，在激烈的竞争下，小咖秀由于内容和制作形式上受限较为严重，内容重复度较高等问题，逐渐消失在大众视野中。取而代之的是其他短视频App平台的崛起，在这之中，快手和抖音就是特色鲜明的代表。

1.1.4 基础坚实的快手

自2017年以来，短视频行业持续发展，用户规模持续增长，品牌广告的投资也带动了整体市场规模的提升。凭借着低门槛、高传播的特性，短视频产品开始逐渐取代长视频，成为用户关注的主流视频类型。从近几年的数据来看，2019年，短视频行业依然会呈现出持续火热的态势。

在这种持续火热的势头下，快手当之无愧地成为短视频行业中的“排头兵”。从2018年短视频平台活跃用户数排行来看，快手以每月21939.34万活跃用户数位居榜首。抖音则紧随其后，活跃用户数为每月20916.46万人。

但值得关注的是，较之于之前的数据，快手的活跃用户数环比下降了3.6%，而抖音的活跃用户数则环比增长了9.0%。从数据趋势来看，抖音的活跃用户将很有可能超越快手。

快手成立至今已有8年时间，可以说从短视频行业还没有形成到现在已经发展至鼎盛，快手始终都是其中的中流砥柱。

在最初的短视频行业竞争中，快手、秒拍、美拍和西瓜视频是整个行业的第一梯队。由于当时短视频行业方兴未艾，这些短视频平台虽然相互竞争，却也保持着一种微妙的平衡。但从整体发展势头来看，快手是当时短视频平台中最具影响力的代表。

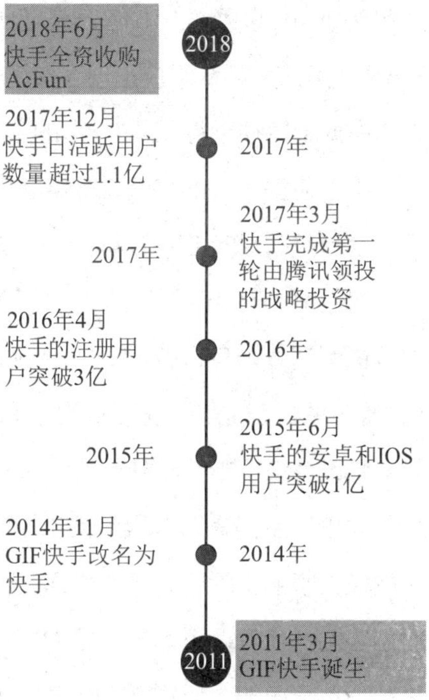

当短视频行业进入迅速发展时期之后，凭借着前期所积累起来的用户资源，快手迅速打败了其他竞争对手后，牢牢占据着短视频行业的“头把交椅”。直到2017年，短视频行业这种“一家独大”的局面才被打破，而打破这种局面的正是后起之秀“抖音”。

在2017年3月份，抖音用户数量增长到了173万，其短视频的日均播放量也突破了10亿。尤其在春节期间，抖音短视频平台的日活跃用户数甚至直接上涨了一倍。抖音持续不断地“攻城略地”虽然让快手感到了危机，却并没有动摇快手在短视频行业中的地位。

2017年，围绕着短视频行业“头名”，抖音与快手展开了激烈争夺。然而在2018年，随着腾讯微视的入局，短视频行业“两强争霸”的格局变为了“三足鼎立”，整个行业的竞争变得更加激烈。

背靠着腾讯公司的微视与今日头条旗下的抖音在这一年展开了“白热化”竞争，无论是媒体上的唇枪舌剑，还是法律层面的对簿公堂，双方之间的斗法都在很大程度上动摇了快手的“头名”地位。

就在大多数人以为快手将会失去短视频行业“头名”的时候，快手通过收购AcFun，以及推出5亿元流量计划等手段，居然稳固住了自己的“江湖地位”。虽然月活跃用户出现了负增长，但快手凭借着强大的用户基础，依然牢牢占据着短视频行业“头名”的宝座。

不过值得一提的是，2017年之后的几次融资，快手的主要投资者都是腾讯，也就是说，快手现在实际上已经站在了腾讯的阵营中。

“投身”于腾讯阵营之后，快手的发展却并不顺利，很长一段时间，快手都被负面消息缠身，用户增长也遭遇到了瓶颈。当腾讯决定大力扶持微视之后，快手的日子就变得更不好过了。究竟该如何面对微视？快手是否还能够获得腾讯持续不断的流量支持？这些问题的答案影响着快手在未来的发展。

对于快手而言，月活跃用户出现负增长的现象，将会对其市场战略开展造成极大影响。除了要担心腾讯是否会一如往常地支持自己外，快手还需要时刻警惕抖音等头条系短视频的虎视眈眈。更何况，面对短视频市场这块还没被分食干净的“大蛋糕”，百度、阿里等巨头也在摩拳擦掌，准备入局。

从当前快手的发展现状来看，不说是“十面埋伏”，也大有“四面楚歌”之势。短视频行业的竞争依然惨烈，快手能否继续保持“头名”还具有较多变数。这不仅是快手平台需要考虑的问题，同时也是快手平台中短视频运营者需要认真考虑的问题。

1.1.5 头条的王牌——抖音

作为一款短视频社交App，抖音专注于打造年轻人的15秒音乐创意短视频社区。用户可以通过抖音短视频App选择合适的歌曲作为背景音乐，录制一段15秒左右的短视频，然后发布到抖音平台上，吸引其他用户关注、点赞，完成交互过程。

截至2019年1月，抖音国内日活跃用户突破2.5亿，月活跃用户超过5亿。

上面的介绍是抖音上线时对自己的定位，但从当前抖音的发展现状来看，它早已跳脱出早期定位，为自己定下了更为长远的目标。

抖音上线于2016年9月，相比于其他短视频平台要晚许多。在上线之初，抖音并没有做到一鸣惊人，甚至在2016年11月2日，抖音官方发布的第一条微博中为其点赞的用户都寥寥无几。

最初上线的几个月可以看作是抖音的准备阶段。在这一阶段，抖音团队并没有急着去推广宣传，而是始终在改良产品的性能，优化用户体验。这种准备阶段一直持续到2017年的春节之后，这时抖音方面才开始大力营销。

抖音的蹿红始于相声演员岳云鹏转发的一条微博，微博的内容是其模仿者的视频。岳云鹏关注的可能是模仿者对自己惟妙惟肖的模仿，但广大粉丝所关注的则是视频下方醒目的抖音Logo。

在第二天，关于抖音的百度指数一下子蹿升到了2000，而此前抖音的百度指数始终平稳的趋近于0。自此之后，抖音似乎一下子成了家喻户晓的短视频平台。

出现这种现象并不是因为抖音幸运，而是抖音团队将最初的营销宣传筹码压在了流量明星身上。在岳云鹏转发抖音视频后，抖音官方不仅邀请流量明星入驻，同时还积累了许多KOL（Key Opinion Leader，简称KOL，关键意见领袖）。通过流量明星的带动，以及KOL们的扩散宣传，抖音开始进入到高速发展阶段。

在2017年4月到2018年初，抖音的用户数量出现了爆炸性增长。抖音团队更是不断加码宣传投入，除了邀请明星和KOL外，抖音还加大对综艺节目的投入，以植入广告的形式来增加抖音的曝光度。

在产品性能方面，抖音团队仍然在不断对抖音平台的算法和推荐机制进行优化升级。在拍摄功能上，也增加了许多酷炫的视频玩法，为用户带去了更为流畅的使用体验。

同时，针对用户发布的内容，抖音优化了举报和评论功能，以此来防止低俗违规内容和评论的出现。这一时期正是抖音用户剧增时期，用户素质参差不齐，一些劣质内容很容易流入到平台之中，影响平台的健康发展。抖音这一做法，很好地避免了这些领域的"暗雷"，可以说为以后的高速发展提供了保障。

在高速发展时期，抖音的创新改变很大程度上也是为了应对激烈的市场竞争。这一时期，抖音通过不断丰富自身产品功能，创制新的短视频玩法，吸收了更加庞大的用户流量，这既是一种寻求发展的方式，也是一种应对竞争的手段。

在发展过程中，抖音平台又增加了购物车和商品分享功能，并与电商平台展开合作。同时还推出了企业号，邀请品牌企业入驻。在内容审核上，跟随监管部门的要求，抖音进一步探索优势的内容视频平台，专门针对青少年的抖音模式也上线推出。

抖音兴起于短视频行业的流量红利爆发期，这也是其发展顺风顺水的一个重要原因。相比于快手从短视频行业方兴未艾时发展过来，抖音显得有些缺少积淀。但正所谓"初生牛犊不怕虎"，在当前抖音与快手的碰撞中，抖音已经呈现出迅猛向前的势头，未来的发展走向如何，还需要看两家平台如何布局。

1.2 抖音的魅和美

1.2.1 抖音算法机制

作为头条系产品，抖音天生自带强大而复杂的头条推荐机制，这一热门推荐机制也成为抖音发展过程中必不可少的助推器。

抖音平台的流量分配采取的是一种去中心化的智能推荐方式，它包括机器算法和人工双重审核两方面，一般来说，一条热门视频通过推荐机制算法生成，主要需要经过初级筛选、多级推荐、热门推送三个流程。

在初级筛选中，用户在上传抖音视频之后，可以获得第一波推荐流量，新视频流量的分发对象主要以附近的人、兴趣关注和个人好友为主。

在多级推荐中，抖音会根据初步筛选出的视频首波用户的转发、评论、点赞数量以及该视频的播放完成率来确定视频是否达到了系统设定的算法要求，达到要求的视频内容则会进入到推荐池之中。

在热门推送中，抖音会根据系统热门推荐算法，选择优质的视频内容进行全用户的推送。在多级推荐中进入推荐池中的优质内容在经过人工审核之后，便可以进入到热门推荐之中。

在认识抖音的算法机制时，有几个概念是必须要掌握并理解的。

1. 推荐流量池

以发展最成熟的网络平台——微博为例，在微博平台上，新用户几乎很难受到他人的关注，这是因为微博平台上的流量更多会以平台推荐的方式向明星大咖倾斜，这就是流量推荐。抖音上的推荐流量池不同于微博平台，在抖音平台上，即使是没有一个粉丝的新用户，在发布了视频内容后也会分发到一定的流量。这些流量像一个容器一样聚集在用户周围，我们便可以将其看作是用户的流量池。

随后抖音会根据自身的算法标准，对比用户在最初流量池中的具体表现来决定是否将用户发布的作品推荐给更多的人，也就是让用户进入更大的流量池。

一般来说，新视频的流量主要会分发给附近的人或关注的人，在这一基础上，根据内容标签和用户标签，抖音会继续进行下一步的智能分发。对于抖音运营者来说，利用好最初的推荐流量池非常重要，这是帮助自己的视频内容上热门的第一步，也是最为关键的一个步骤。

2. 叠加推荐

新视频的流量分发属于初级推荐，在初级推荐基础上，抖音还会对视频内容进行叠加推荐。叠加推荐会根据内部算法的评判结果来为视频增加分发流量，从普遍情况来看，经过叠加推荐的新视频其分发播放量都在10万左右。

叠加推荐的评判标准主要还是以内容的综合权重为主，其具体指标为点赞量、评论量、转发量和完播率，数据结果不同，获得的推荐量也会有所不同。

比如，当转发量达到20时，抖音算法会认为这是较受欢迎的内容，因此会为该视频内容加权，叠加推荐量就会变成20万。以此类推，当转发量增加到300时，叠加的推荐量就会变成300万。

不了解抖音推荐机制的用户可能并不知道在视频发布的整个过程中发生了什么，一个最直接的解释就是用户的推荐流量池变大了。这样一来，在抖音平台上无论是大号还是小号，只要能够生产出优质内容，就有机会成为抖音红人。

3. 热度加权

通过观察那些热门的抖音视频，可以发现绝大多数瞬间爆红的视频内容，其播放量都在百万量级以上。从综合数据上看，也都毫无意外地占据着相当大的优势。如果运营者想要让自己创作的视频内容爆火，就必须懂得利用热度加权，让自己的视频内容进入更为广阔的抖音推荐内容池。

根据抖音热门视频的综合数据来看，那些百万级以上播放量的视频，在其各项热度权重中，转发量所占比重最大，其次是评论量，点赞量所占热度权重最小。基于热度加权的比重，运营者在进行内容营销时，可以在转发量方面多下功夫。

4. 时间效应

在抖音的算法机制中，时间也是一个必须考量的要素。抖音视频内容的热度权重会随时间的变化而变化。一般而言，一条热门视频的热度最多持续一周时间，如果没有后续内容推动，或是用户模仿跟拍，热门视频很快就会被新的视频内容所淹没。因此，运营者想要持续获得热度加权，就需要在保证内容质量的同时，持续进行更新。

抖音算法机制中的时间效应还有另一种表现，一些优质的视频内容，可能在最初阶段并没有多少关注。但通过持续转发，在某个时间段得到了推荐，进而不断得到热度加权，成为爆款视频。

抖音运营者在开展内容运营时，应该根据抖音算法机制来合理规划。可以在前期邀请朋友转发，扩大基础流量池，同时还可以在短视频中加入热门内容，增加视频的热度权重。获得抖音推荐是打造热门视频的第一步，也是运营者必须要把握好的重要步骤。

1.2.2　抖音的娱乐属性

使用抖音的人大多会有这样的感觉：原本只想刷几分钟，结果一转眼一个小时已经过去了；原本想着看完这个有趣视频就行了，结果看完一个又一个，不知不觉两个小时已经过去了；原本想着睡觉前刷一刷抖音，结果越看越有趣，一直到半夜12点才放下手机。

出现这些情况，虽然与用户个人的自控能力有关，但同时这也显示了抖音自身的娱乐属性。在抖音娱乐性面前，越来越多用户的行为和认知正在发生着巨大的改变。

企鹅智库在2018年4月发布的数据显示，大概有22%的用户在抖音上的活跃时间超过一小时。而根据2018年10月份的数据显示，抖音的月活跃用户为4亿人，日活跃用户则为2亿人，这也意味着这些用户每月每人打开并使用抖音的频率是非常高的。

抖音的娱乐属性容易让人“上瘾”，正是这种“瘾”导致了用户迟迟不肯关掉抖音。抖音拥有一套自己的“上瘾逻辑”，作为一款商业软件，必须保证用户对自己的忠诚。对于大多数用户来说，使用抖音的主动权表面上看在自己手中，事实上却并非如此。

不同年龄用户在抖音上的喜好

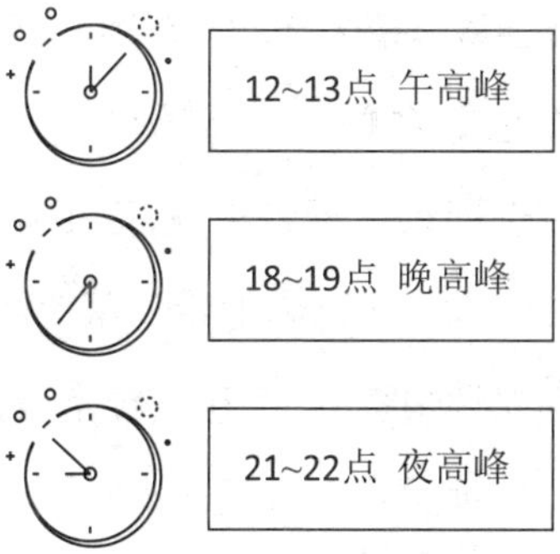

抖音用户活跃高峰

无论是使用抖音的用户，还是依靠抖音来创造价值的运营者，都应该深入了解抖音的娱乐属性。只有这样才能了解抖音让人“上瘾”的原理，也才能更好地运营抖音。

1. 弱化时间观念

早期抖音短视频的界面采用的是全覆盖模式，也就是说，用户在使用抖音时无法看到手机顶部的时间信息。在这种情况下，如果用户没有其他急事，或是没有切换出去特意看时间的话，就很容易忽视时间的流逝，如此一来，在抖音平台上停留的时间就会变长。

2. 趣味点赞效应

在抖音界面中，点赞的位置在视频上传者头像的下方，处于整个界面的中心位置，点赞操作非常顺手。观看视频的用户只需要轻轻点击屏幕两下，一颗红心就会从屏幕中间动态跳出，点赞标志随即也会变成一颗红心。这种点赞的方式和呈现形式可以给点赞者一种积极的反馈，让点赞者从点赞中获得乐趣。

对于视频运营者来说，获得用户点赞对自己的影响非常大，这可以看作是一种奖励。运营者很希望获得用户的点赞，为此他们会努力邀请朋友转发抖音的视频内容，同时也会经常点开应用，来查看自己获得的点赞数。

3. 切换灵活，沉浸式体验

在抖音平台上，用户不需要进行过多操作，只需要通过简单的“上划”“下划”“双击”操作，就能够实现视频切换和点赞操作。通过算法推荐而来的视频，往往能够吸引用户的注意。在用户观看的过程中，也会逐渐忽视这种算法推荐所造成的观感体验，而更多去聚焦视频内容。

不需要过多思考，就能从短视频中获得强烈的愉悦感，这种低门槛、高回报的形式吸引了越来越多人的加入。

在界面上，抖音十分注重视频的呈现效果，让短视频直接占据整个手机屏幕，这样可以为用户排除其他干扰，获得一种沉浸式的体验。遇到不喜欢的视频只需要轻轻一划，就会获得一个新的视频。遇到喜欢的视频只需要轻点屏幕两下，就能完成点赞操作。不得不说，这种不间断的体验不仅容易让用户沉浸其中，还容易让用户反复“上瘾”。

4. 不可预知的趣味内容

抖音平台上的视频内容大多有背景音乐，通过音乐可以更好地将用户带入情境中。这种时候，“魔性”的背景音乐会迅速控制用户的大脑，带动用户关注视频内容，并跟随音乐的节奏摆动，让用户心甘情愿地放弃思考。

神秘莫测的推荐机制也为用户留下了很多悬念，“下划之后的视频会是什么样的？”大多数用户都会有这样的好奇，视频内容推荐的随机性也为用户带去不少趣味。

这种不可预知的意外之喜是一种间歇性变量奖励，这种未知性也让用户充满了期待与好奇，以至于让他们想一直划下去。如果划到不喜欢的内容，可以再划一次，不好的心情也会“一划而空”。

5. 戛然而止的空白

抖音的视频内容时长大多为15秒，如此短暂的时间很难呈现出完整的故事内容，无论是音乐，还是故事，都只是一个简短的片段。这也是为什么用户在看完抖音视频后，总会有一种戛然而止的感觉。

这种戛然而止不仅表现在对后续剧情内容的期待上，同时也表现在对当前视频内容的分析上。15秒的时间实在是太快了，用户很难完整地记住并理解视频内容。这种时候，用户便会不由自主地反复观看，原本15秒的视频内容，最后花了1分钟才理解清楚。

抖音的娱乐属性让用户在使用抖音时“如痴如醉”，甚至忘记了时间的流逝，这也正是抖音吸引用户的一种重要手段。对于运营者来说，想要弄明白“如何让用户沉浸在自己的视频内容中”“如何让用户持续关注自己”的问题，可以多考虑一些抖音平台的娱乐属性。

1.2.3 抖音的社交属性

无论是早期还是晚期出现的短视频平台，娱乐属性都是他们的共同特征。如果一款短视频平台缺少娱乐属性，它也就很难在市场上生存发展下去。所以说，娱乐属性是短视频平台的一个基础属性。

相比于早期的一些短视频平台，以抖音为代表的短视频平台中的后起之秀，除了传承了短视频平台的娱乐属性外，还将发展重点放在了娱乐之外的社交属性方面。

从当前短视频行业发展现状来看，早期那些缺少社交属性的短视频平台，很多都已经销声匿迹，依然存在的，也都纷纷实现了社交属性的转变。

不同于早期的短视频平台，抖音在上线之初就将社交作为一个重点发展的方向。有人将抖音平台比喻成一个金碧辉煌的宴会厅，在这个宴会厅的正中央是一个巨大的舞台，每一个人都可以上台来展示自己。想要吸引他人目光，除了要展示才艺外，还需要与他人进行社交。很多时候，当个人才艺并不够出众时，依靠社交能力也能成为舞台的主角。

抖音是一款名副其实的社交产品，虽然它与主流社交产品微信、QQ和微博在社交形式上有所不同，但这些产品都毫无例外的具备着社交的三个共同要素，即链接、信息和互动。

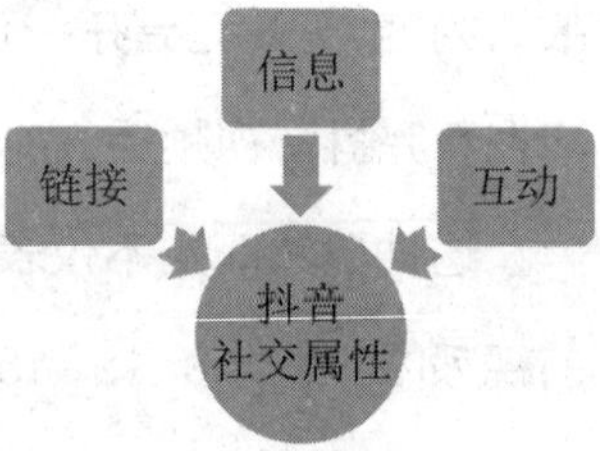

1. 链接

社交的主体是人，其产生的前提是主体聚集在一起。对于大多数社交产品来说，如何聚集社交主体将人们联系起来就成了打造产品的第一个步骤。很显然，“链接”是促成主体聚集的重要方式，做好了链接，用户就会聚集在一起。

当前社交产品中的“链接”主要有两种类型，一种是专注型，一种是带动型。

专注型链接的社交产品以社交沟通为主要功能，其中的代表产品是腾讯的微信和QQ。

QQ和微信最初是以熟人、朋友为主，将用户手机通信录中的群体聚集在一起，形成一种线上的关系网。这种线上的关系网凭借便捷的社交交互让用户产生依赖，伴随着用户社交心理逐渐开放，QQ和微信便开始将范围更广的群体聚集在一起，链接起来。

带动型链接的社交产品主要以能够吸引人的要素来链接社交关系，抖音和微博都是这方面的代表。

微博主要以热门话题、热点新闻等内容来进行带动，观看内容的用户可以通过点击持续关注内容创作者发布的内容。同时在搜索页面中，微博还会为用户推荐更多的可关注对象。

抖音同样是依靠优质内容来进行带动，只不过带动的内容变成了短视频。对短视频感兴趣的用户可以关注视频内容的创作者，由此建立起一种关系链接。此外，抖音还借助微信和QQ的做法，在页面顶部设置了同城入口以及“可能认识的人”标识。这种方法就是为了在同城用户群体间建立链接。

2. 信息

社交产品在建立链接后，需要依靠持续不断产出信息内容才能发展下去。创造信息也因此成为社交产品必备的另一个要素。以创造信息为主要内容的社交产品非常多，比如知乎、豆瓣、bilibili、网易云音乐等。

抖音平台中的信息也有很多，虽然没有特定的主题，但从整体上归类，抖音可以算作是一个大型的音乐社区，用户可以根据自己的兴趣观看、评论视频内容。每一个视频的评论区，都可以看作是一个小型的论坛，每一条评论都是信息内容。

除此之外，抖音的“消息”栏中，会有两类信息通知，一类是侧重于关系链的消息，一类是侧重于信息和内容的消息。关系链消息主要是私信，比如关于个人的信息交互内容。信息和内容消息主要是某个人回复了自己的问题，或评论了自己的问题。

3. 互动

人们在发出信息后，都希望得到回应。在抖音平台上，内容创作者希望自己的视频内容可以获得其他用户的点赞和评论，而评论者则希望自己的评论能够得到内容创作者的答复。在正常的互动之中，互动双方都会得到心理上的满足。

社交离不开互动，在大多数社交场合中，得到回应都会让人有一种被尊重的感觉。大多数社交产品都会在设计中加入一些能够促成互动的元素。

比如,完善用户的兴趣爱好和标签。社交产品会根据用户所填写的个人经历、兴趣爱好、读过的书、看过的电影,来为用户“贴上”特定的标签,如健身达人、文艺青年、时尚教主等等。很多时候,标签会成为建立链接的前提,具有相同标签的人更容易走到一起,并产生互动。

字节跳动的创始人张一鸣曾说:“社交是一场信息交互运动。”这句简短的话语完美地概括了社交的三要素。抖音短视频的社交属性,正是围绕着这三方面要素而形成的。

1.3　走进抖音的世界

1.3.1　美好生活，流量蓝海

抖音并不想仅仅成为一个商业性的短视频平台，在“记录美好生活”的口号下，抖音想要实现的内容有很多。

现实生活中有很多不美好的元素，这些不美好元素的出现，进一步加深了人们对美好生活的向往和追逐。在现实社会中创造乌托邦的尝试早已经失败，人们开始依赖互联网来实现这一梦想。

抖音了解用户的爱好，知道生活的现实，它并没有用互联网去虚拟现实世界，而是汲取现实中的美好片段展现给用户。在碎片化时间中，抖音为用户提供了无数个15秒的美好生活瞬间，让用户获得了充分的愉悦体验，也为用户打造了一个属于每个人的乌托邦。

抖音平台利用互联网技术，将生活中的美好细节聚集在一起，人们在这

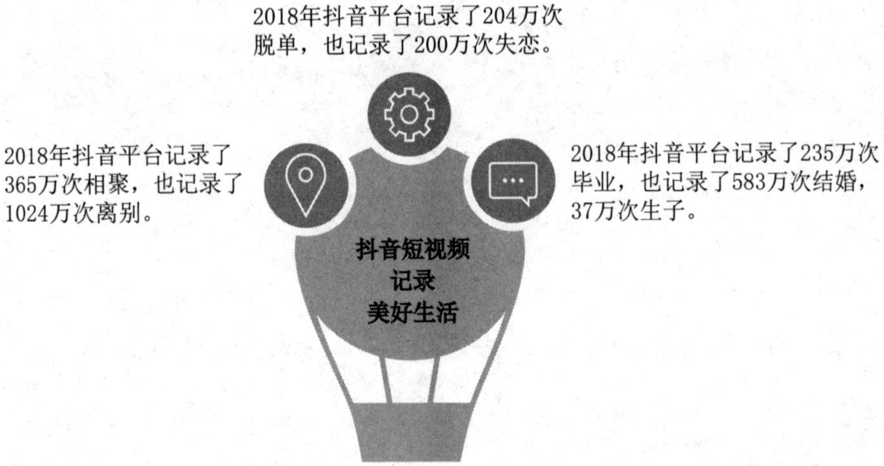

里可以感受到千里之外现实世界中的美好。用户可以完全沉浸在抖音之中，暂时忘掉生活中的苦闷与烦恼。这正是抖音所倡导的“记录美好生活”的最好表现。

从商业角度来看，现在的抖音短视频已经可以与微博媲美，成为新一代的流量蓝海。在互联网时代，哪里有流量，哪里就有商业价值。

抖音庞大的流量和去中心化的算法机制已经成为当前大数据技术应用的典范，这也使得抖音成了新一代的互联网营销平台。无论是企业，还是个人，都希望利用抖音庞大的流量池来完成商业变现，创造商业价值。

1.3.2 抖音话题挑战

抖音挑战是抖音平台上的用户或是抖音官方所发起的一个活动。每一位用户都可以在发布视频时将挑战话题添加进去，通过这种方式来参加抖音挑战活动。挑战的内容就是针对一个视频主题，让不同的人去演绎，以此达到比较和传播的效果。

抖音平台上热门的话题挑战有很多，比如以时事热点为主的“你可真会撩”“生活Disco”以及“听说明天就要开学了”等，还有以生活道具为主的

"不是超人也会飞""萌宠成精了"以及"逆天化妆术"等。

在抖音话题挑战中，最受关注的一类话题就是生活趣事。由于抖音的目标用户群体以90后为主，在生活趣事类话题挑战中，恶搞和自黑的内容比较多。

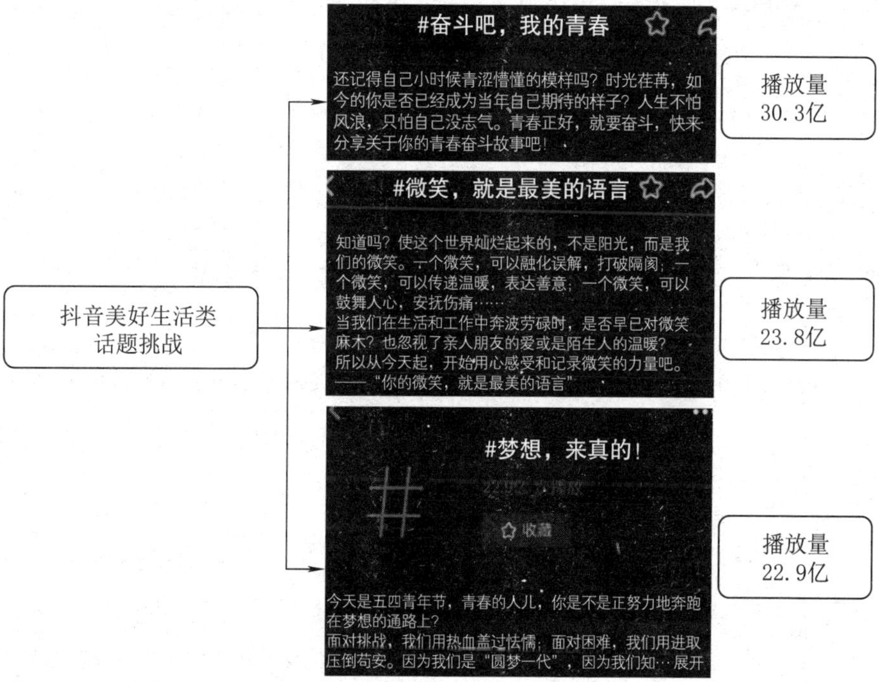

不仅抖音用户会发起话题挑战，许多入驻抖音平台的品牌企业也会发起话题挑战。品牌企业会通过设置奖励的方式来吸引用户参与，其目的大多是为了打造企业品牌形象和宣传企业最新产品。

1.3.3 抖音达人与明星

在抖音平台上，明星是重要的用户群体，伴随着抖音平台的持续火热，越来越多的明星选择入驻抖音。

本就自带流量的明星在入驻抖音后，轻轻松松便积累了千万粉丝。在刚刚入驻抖音时，迪丽热巴发布的一个视频的点击量就超过了1000万，不得不说，有明星的地方就自然有流量跟随。

明星入驻抖音平台，一方面是抖音扩大市场影响，抢占市场份额的一个重要战略；另一方面也是明星自身塑造个人品牌形象，进行商业营销宣传的一个必然选择。可以说，这是对双方都有价值的一种互利选择。

抖音KOL

从当前抖音的发展趋势来看，抖音在话题营销方面，与微博热搜已经不相上下，明星入驻抖音平台也相当于为自己寻找了一个新的对外宣传窗口。

而且相对于微博主打文字和图片的内容形式，在抖音平台上，明星可以通过录制短视频的方式与粉丝展开互动，显然这样的互动效果更好。

除了明星外，抖音还邀请了许多KOL入驻，虽然比不上明星所带来的“吸粉”效应，但由于抖音达人的数量众多，从总体上看，他们为抖音平台带来的流量也是不可小觑的。

在抖音平台上，达人们不仅成功获得了万千粉丝的关注，还很好地利用粉丝实现了价值变现。在少数抖音达人爆火并实现商业价值变现后，越来越多的草根达人加入抖音平台。与明星和抖音的关系一样，达人们在努力“吸粉”的同时，也为抖音继续扩大着市场份额。

1.3.4 抖音作品与直播

抖音平台上的作品多以15秒短视频为主，部分符合条件的用户可以申请开通长视频，可以上传发布1分钟以上的长视频内容。关于更长时间的视频内容，抖音也进行过小范围尝试，并取得了不错的效果，现在抖音长视频已经出现并引发了一股风潮。

随着抖音用户量的不断增长，以及短视频行业的竞争日趋激烈，与其他短视频平台一样，抖音也推出了直播功能。

相比于1分钟以上的长视频，抖音直播功能的开通条件更加严苛，只有粉丝达到一定数量，上传优质视频内容足够多的运营者才可以申请开通。

从当前来看，直播功能在抖音平台上更多是一种辅助，短视频依然是主流内容。但在商业变现方面，直播功能展现出了巨大的即时能量，相信大多数运营者都会选择用直播的方式来实现价值变现。

1.4 账号注册的问题

1.4.1 账号的注册

有的运营者会认为，注册账号是一件简单的事情，按照操作来做就可以。但实际上，运营者要重视抖音运营的任何一个环节，包括账号注册。账号注册是抖音运营的第一步，也是至关重要的一步，所有的抖音运营工作都将由此出发。

在账号注册环节，运营者需要面对各种各样的问题：什么样的头像更能吸引人？什么样的简介更能触动人心？什么样的昵称更易获得关注？为什么其他运营者可以发布长视频，而自己只能发布15秒的短视频……

这些问题只是账号注册阶段的基本问题，回答了这些问题，运营者才能完成账号注册阶段的运营工作。如果忽视这些问题，随心所欲去注册账号，后续的运营工作也就无从谈起了。

俗话说：“万事开头难”。账号注册虽然看起来简单，但作为整个运营工作的开端，其背后也蕴藏着很大的学问。

要想做好抖音运营，从账号注册阶段开始便要“俯瞰”整个运营过程。运营者需要对整体运营工作有一个从上到下的分析，从整体到局部建立起全局认知。简单来说，运营者必须先要明确自己想要做成什么样，达到怎样的目的，怎样才算成功，然后才能更好地开展运营。

运营者需要在账号注册阶段就为自己定下一个基调，是想要走幽默搞笑路线，还是要做成清新自然的样子，又或者是多种风格内容相混合的形式。当然，不论融合多少种风格的内容，整个账号的主基调一定不能变。因为这一主基调决定着运营者的头像、简介和昵称的选择。

当前抖音平台上的账号虽然内容不同，风格多样，但综合起来，都可以划分为两类，一类是“走量”的账号，一类是“走心”的账号。

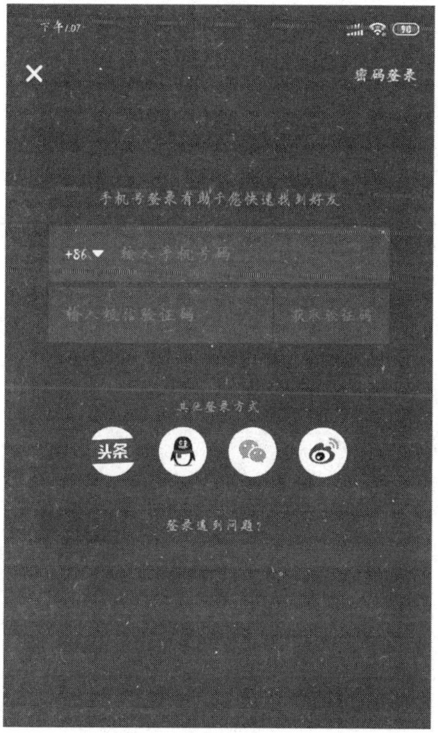

多种方式登录抖音

编辑抖音个人资料

“走量”的账号又可以细分为推送号和生活号。推送号主要是推荐各类内容，比如推书、推电影和推音乐等。生活号则更注重发布日常生活中发生的具有一定影响的内容，比如搞笑段子、生活哲学等等。

“走量”的账号在运营时更多是搬运并编辑已有内容，直接搬运他人内容属于抄袭，这是抖音所禁止的。如果想要做好“走量”账号，运营者需要在搬运的基础上进行二次编辑，完成自己的创作。

“走心”的账号主要以原创内容为主，在更新频率上可能没有“走量”账号高，但其所发布的视频内容往往有较高的质量。这一类型账号也是抖音中的主流账号，大多数运营者会选择自己拍摄并编辑视频内容。

不论是哪种类型的账号，账号注册阶段最为重要的一点就是充分完善自己的个人资料，其中包括头像、昵称、个人简介等。如果有可能，也可以将自己的其他自媒体账号加入其中，为以后的账号间引流做准备。

在头像选择上，尽量挑选像素清晰、画面整洁的照片，那些模糊或效果不佳的照片很容易被审核为不良照片，而一些风格太过特立独行的头像，则可能使部分用户有不良体验，为此后的推广埋下不稳定因素。昵称也要符合个人内容风格，要注意亮点突出，避免过长，同时还要防止出现敏感词汇。内容简介要简明扼要，让用户直观地了解到运营者的个性。

在抖音内容推荐机制中，个人资料不全的账户可能会被认定为劣质数据，从而被限制流量。因此，运营者在账号注册阶段，一定要注意完善个人资料。

1.4.2 刷量还是原创

“刷量还是原创？”这是大多数抖音运营者在运营之初都需要考虑的一个问题。

在抖音平台上，从内容创作到商业价值变现会经历很长一段历程，运营者能否实现商业变现也存在着较大的变数。视频内容是商业变现的保障，能够创造热门视频的运营者，会更容易实现商业价值变现。从这一方面来说，运营者需要考虑一个问题："刷量"还是"原创"？

从普遍认知来看，"原创"的价值一定是大于"刷量"的，但在抖音平台上，这种结论却并不绝对。

1. 刷量

在抖音平台上，"刷量"的抖音号从头像到昵称都会呈现出较为一致的状态，整个账号中并没有太明显的个性特征，更多只是表达一些单纯客观的内容。

在注册这类抖音账号时，并没有太多值得注意的地方，不同的内容领域有其固定的特征风格，都是比较系统化的，运营者可以按照一定的模板模仿设置。

但如果从商业价值变现的角度去考虑，运营者就需要仔细想想哪些内容领域更容易获得流量，哪些内容更方便进行商业植入了。

"刷量"账号的意义在于尽可能迅速地积累粉丝，粉丝数量在很大程度上决定着"刷量"账号的商业价值。虽然在内容价值上不及原创账号，但凭借迅速积累起来的粉丝优势，"刷量"账号也在抖音平台上占据着一片天地。

2. 原创

原创类抖音账号在内容创作上难度更高，在账号注册方面需要注意的问题也比较多，需要运营者在一些细节方面多下功夫。

在具体的视频内容分类上，原创类视频可以说是"百花齐放""百家争鸣"，从帅哥美女到萌娃萌宠，从唱歌跳舞到养生健身，从户外旅行到美食自助，搞笑、励志、奇葩等各类风格的内容在抖音平台上都随处可见。

正因为存在着如此多类型的原创内容，运营者在抖音平台上的原创空间还是比较多的。当然，选择多并不一定是优势，有很多运营者就会在众多选择中迷失自己。

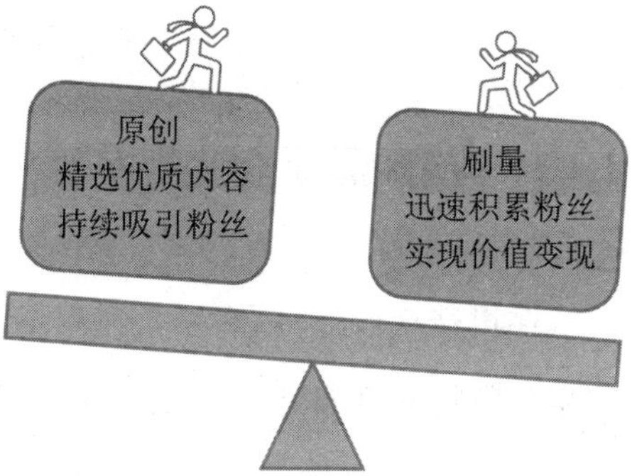

在选择原创内容时，运营者除了要考虑抖音平台上同类型内容的竞争程度，还需要从自身专长角度去考虑。对此，运营者可以先找到同内容领域做得比较好的账号，分析一下其内容特征，然后再比对自身能力做出决策。

除了具体内容需要原创，原创内容运营者在注册账号时，还需要考虑头像、简介、个人主页的设计问题。除了要在风格上保持一致外，还需要注意打造自己的独特形象，最好与内容风格相辅相成。当然账号名称作为最直接体现运营者个性的窗口，一定要与账号内容和账号形象相匹配，切不可出现“驴唇不对马嘴”的现象。

运营者在运营之前去考虑内容的商业变现问题是很正常的事情。但做抖音运营，是否能够实现商业价值变现，归根结底还是要回归到内容上。无论是“刷量”，还是“原创”，只要符合平台规定，满足用户需求，就能够积累起粉丝，实现商业变现。因此，运营者在考虑商业变现问题之前，不如先认真想一想怎样才能把内容做好，哪种账号类型更适合自己去做内容。

抖音平台营销优势

1.4.3 营销利器：企业蓝 V 号

在抖音平台上，既有个人账号，也有企业账号。个人账号注册只需要填写相关资料信息即可，企业账号开通则需要以企业的名义支付一些费用。相比于个人账号，企业蓝V账号具有许多显著优势。

抖音的蓝V企业号与微博蓝V企业认证号差不多，都是平台针对企业开通的包含营销内容的渠道，可以为企业提供免费内容分发和商业营销服务。通过蓝V企业号，企业可以与用户建立互动，完成企业号认证之后，企业可以获得权威的认证标识、营销工具、数据监测和粉丝管理等多种权益。

1. 企业号特征权益

官方蓝V认证：账号头像右下方会出现蓝V标志，同时可以显示认证信息，权威性较强。

品牌头图展示：用户可以自定义头图，直观展示企业宣传内容。

昵称搜索置顶：经过认证的昵称在搜索时会排在第一位，增强曝光率。

昵称锁定唯一：已认证昵称具有唯一性，杜绝盗版企业冒名。

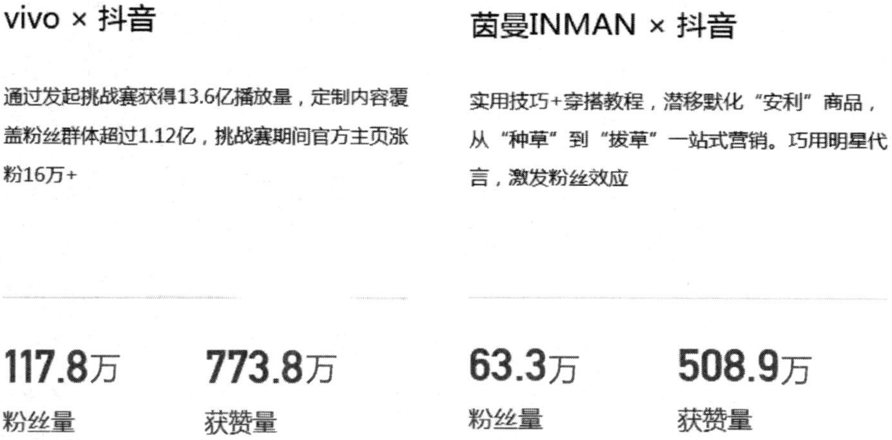

抖音企业号营销案例

2. 企业号申请步骤

第一步，在抖音官方网站中，找到"企业认证"，进入界面，点击"我要申请"。

第二步，在弹出的页面中输入手机号、密码和短信验证码，登录之后进入认证界面。

第三步，在资料填写页提交认证资质，包括抖音账号、企业营业执照、认证申请公函。

第四步，使用对公账户支付认证审核服务费600元/次，并根据认证服务商要求，修改或完善认证资料。完善资料后需等待审核，审核通过，2个工作日内可开通企业号。

3. 企业号营销优势

检索优先：抖音用户在使用关键词条搜索相关抖音号时，蓝V企业号会优先显示。抖音方面还打通了今日头条和火山小视频，企业发布的内容可以同步到相关账号上。对于中小企业来说，申请抖音企业号，可以免费利用头条系新媒体矩阵渠道资源，降低宣发成本。

链接展示：企业号可以在播主界面中添加品牌横幅（banner），并置顶3条内容。同时，品牌企业还可以添加自定义的H5（HTML5，第5个版本的超文本标记语言）页面链接和官方商城链接。链接展示可以将抖音账号中的流量迅速引向品牌企业网站，快速实现产品展示到产品销售的转化。

持续曝光：在视频内容界面，可以出现品牌企业的产品名称和企业Logo，视频时长也可以延长到60秒。视频时间延长可以让企业有更多时间去展示自己的产品和服务，从而达到更多的内容曝光。

对于品牌企业来说，企业蓝V号是短视频时代的营销利器。目前，已有很多企业选择进行蓝V认证，品牌企业的入驻也开启了抖音短视频的品牌营销时代。

第2章 TWO

内容 IP，胜者为王

2.1 从自我出发，定位内容

2.1.1 锁定专长领域，找准兴趣所在

日本作家松浦弥太郎曾说：“在自己擅长的领域深入下去不断磨炼、挑战：谁都有一两件擅长的事情。找出它们吧。深入学习和练习，使之更为精湛。为了变得更为擅长而去挑战吧，这样才能培养出‘个人专长’。”

做抖音在定位内容时，也需要像松浦弥太郎所说的一样，锁定自己擅长的领域，去深入挖掘其中的优质内容。

对于具有一定才艺和专长的人来说，很容易完成内容定位。但对于本就没什么专长，兴趣爱好也并不专一的人来说，想要定位内容就没那么容易了。

通过观察抖音平台中的现有内容，大致可以总结出以下几类较为热门的视频内容形式。没有兴趣专长领域的运营者，可以尝试从这些方面入手去打造自己的视频内容。

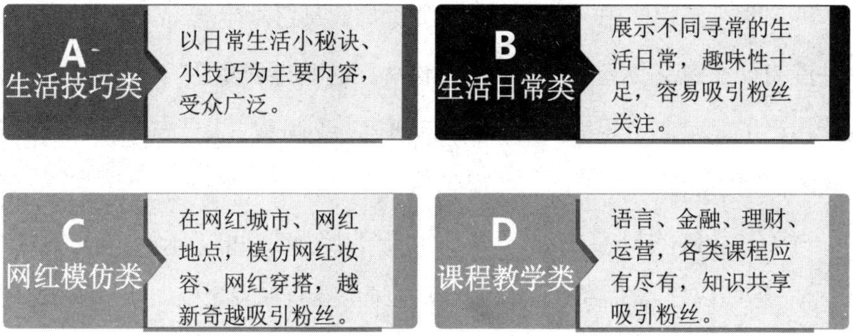

1. 生活技巧类内容

生活技巧类内容对运营者的要求较低，一些常见的生活技巧可以在互联网中查到。运营者可以将这些生活技巧用抖音短视频的形式展示，以此来吸引用户关注。

生活之中处处充满着学问，只不过很少有人会去观察那些细微之处的学问。现在生活节奏越来越快，人们没有时间去发现生活中的小秘密。抖音平台上的生活技巧类视频内容，正是依靠帮助人们发现生活中的小秘密、小技巧而火热起来的。

“鸡蛋面的做法”“蝴蝶结的系法”“酒店防偷拍”“废物再利用”等生活技巧类视频，涵盖了人们生活的方方面面。这些细微之处的知识对用户具有极大的吸引力，毕竟只用短短15秒钟就能学到解决生活问题的小技巧，是一件性价比极高的事情。

值得注意的是，生活技巧类视频的受众范围很广，只要视频内容足够优质，很容易获得粉丝关注。

2. 生活日常类内容

一般的生活日常自然不会有太多人关注，但日常生活中的特别事件却很容易引发大众关注。无论是谁家的特别日常，都会吸引来不少观众围观。

在大多数人眼中，生活多是千篇一律的，除了上班就是休息，毫无特别可言。对抗这种“百无聊赖”，唯一的利器就是平淡生活中的惊喜之处。

拍日常生活很简单，吃饭、走路、睡觉都算是日常生活，简单拍摄这些内容并没有什么意义。运营者需要想方设法在这些平淡生活日常中增添乐趣，要让自己的视频内容足够有特色，足够真实，或者去拍摄一些其他人所接触不到的日常生活。

“大山女孩的日常生活”“残疾女子的坚强生活”“乐观向上的张小五”……这些以日常生活为蓝本的抖音视频都具有独到之处，也正因为这样，这些视频内容才会受到大众的关注。

一般来说，传递生活中的正能量和美好的内容，很容易被抖音的算法机制推荐。但由于当前抖音平台上此类内容很多，在开展运营时所面临的竞争也比较大。

在特别日常内容中，宠物类视频内容异军突起，成为抖音平台中重要的内容板块。运营者借助宠物软萌无害、聪明伶俐的特点，吸引大量粉丝的关注。为了看到更多萌宠视频，粉丝自然会选择关注运营者的抖音账号。

一些运营者在拍摄宠物日常的基础上，将互动情景剧融入视频内容中，将宠物拟人化，以此获得了大量粉丝的关注。抖音运营者“会说话的刘二豆”就是其中的佼佼者。

3. 网红模仿类内容

在“西安摔碗”视频火了之后，一系列相似的视频开始出现在抖音平台上。一段“C哩C哩”舞蹈火了之后，许许多多的相似舞蹈出现在抖音平台。一样的内容，一样的情节，只不过视频中的人发生了变化。这里描述的正是网红模仿类视频内容。

前往网红城市、网红地点，模仿网红妆容、网红穿搭，这些视频内容也能够获得不少关注。如果内容精良、运营得当，还有可能让运营者成为新的网红。

这是一种较低成本的视频内容创作方式，模仿热门视频内容可以省去内容创意的成本，加快内容创作的时间。但由于大多数视频在内容上都大同小异，此类视频内容的同质化非常严重，想要从众多竞争对手之中脱颖而出，运营者就需要在视频中展现出自己与众不同的地方。

4. 课程教学类内容

课程教学类内容也是抖音平台上的常见内容，语言、理财、运营、创业……只要在某些领域中具备一定的专业知识，运营者就可以通过抖音平台来传播讲授相关内容。优质的课程内容能够帮助运营者积累许多优质粉丝。

这类视频内容在创作时，需要注意内容形式的呈现。一方面要区别于其他运营者的内容形式，另一方面还要让用户直观地看到课程的要点内容。

除了这些内容领域外，抖音平台上还有很多细分内容。运营者在定位内容时，需要从自身兴趣专长出发，如果单纯根据内容热度去做抉择，很容易因为失去兴趣而导致内容质量降低，最终造成运营的失败。

2.1.2　定位 IP 内容，贴出鲜明标签

在抖音平台上，选择比努力更重要。有的人每天都在更新视频内容，所获得的点击量却始终寥寥无几。有的人视频内容更新断断续续，却依然有众多粉丝守候等待。做好抖音运营，勤勉努力固然重要，但更为重要的却是定位和选择。

大多数运营者迟迟无法突破粉丝数量的瓶颈，不是因为自己不努力，而是在最初就定错了基调，所选择的方向即使走到尽头也是一片漆黑。如果运营者不能够及时转向，就会在错误的道路上越走越远。

做抖音内容运营，就好像搭建一座堡垒，拥有独特的内容很重要。IP内容是整个堡垒的根基，只有做好了IP定位，才能确保堡垒稳固坚实。

所谓IP定位，对于运营者来说，就是要明确知道自己要为粉丝呈现出什么样的内容，这个内容的鲜明标签是什么。或者说，是运营者想要依靠哪一点来吸引粉丝。当粉丝提到某种事物的时候，头脑中自然而然地出现运营者

的IP内容，这样的IP定位就算是成功了。

抖音红人“代古拉K”就成功在IP的准确定位上，分析她走红的原因，可能有颜值的关系，有身材的关系，也有舞蹈的关系。但是，具备这些素质的抖音运营者比比皆是，可为什么偏偏是她大火了呢？

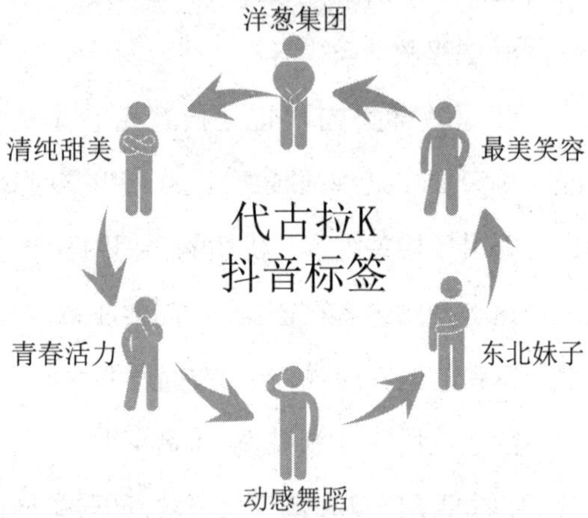

如果问“代古拉K”的粉丝为什么会喜欢她，大多数粉丝都会提到“微笑”这一因素。没错，“代古拉K”的舞蹈并不是抖音里最好的，颜值也不是抖音里最高的，身材也不占有多少优势，但她的微笑确实极具感染力。正是这一个性鲜明的标志，成了其大火的重要因素。

从IP定位角度来分析，“代古拉K”属于颜值类和才艺类，但与其他颜值类运营者不同，“代古拉K”选择了温暖治愈的定位。

对于这一点，洋葱集团负责人曾提到：当前依然属于盛产网红的时代，但那些长腿、高冷的美女已经十分常见，大家已经对她们并不感冒了。这种时候，一个普通且拥有温暖治愈笑容的女孩去展示自己的美好，更能够打动大多数人的内心。

有时候，抖音平台上的IP定位就是一种“人设”。无论在视频内容之外运营者是什么样的，但在镜头前面，她就要时刻努力展现自己的“人设”。这种“人设”会通过日积月累逐渐加强，运营者需要明确自己在抖音上的角色，以角色应有的身份与粉丝进行交流。

IP定位主要是展现运营者自身的独特优势，向粉丝展现自己身上所具备的别人没有的特点。通过持续更新内容来强化特征标签，最终在粉丝头脑中形成深刻印象，这样的IP定位才有价值。

2.1.3　深耕垂直内容，展现独特风格

在进行抖音内容定位时，运营者最先需要考虑的问题是“自己擅长做哪方面的内容”，这是抖音内容定位的最初起点。

如果运营者擅长跳舞，那就可以选择做与舞蹈相关的视频内容。如果喜欢宠物，就可以做萌宠类视频。如果拥有天籁嗓音，则可以录制唱歌视频进行分享。在抖音平台上，无论是哪种兴趣爱好，都有自己的舞台与空间。

在确定了自己擅长的内容后，运营者还需要观察平台上同类内容的比重有多少。不能因为自己擅长，就盲目展开内容运营工作。

在这里主要考量两种情况。

第一种情况是，同类型内容太多，并且头部运营者已经累积了千万量级的粉丝。在这种情况下，运营者需要慎重考虑自己的内容， 方面考虑自己的内容与其他运营者，尤其是头部运营者是否存在重合之处；另一方面考虑自己的内容与其他运营者的内容相比是否存在独到之处。

第二种情况是，如果与头部运营者的内容重合度较高，运营者就需要重新考虑自己的内容定位了。头部运营者拥有巨量粉丝关注，其内容风格大多独树一帜，再与其内容重合的话，运营者很难从这些“庞然大物口中夺食”。

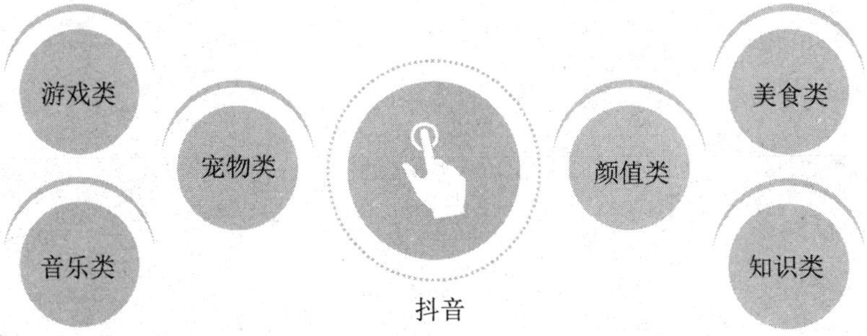

抖音
六大垂直领域

当然，如果运营者的内容存在独特之处，那运营者就可以去深耕这一内容定位。虽然从类型上来看，内容都是大致相同的，但在风格和细节上，运营者如果可以拿出独特的东西，也可以从激烈的竞争中突出重围。

与其他视频内容平台一样，抖音也非常重视垂直类细分内容。对于深耕垂直领域内容的运营者，抖音的扶持力度也是比较大的。运营者坚持发布同一垂直领域的内容，获得抖音推荐的概率也会比较大。

当然，如果运营者在垂直领域中的某一内容成了热门视频，但此后发布的内容偏离了垂直领域，且没有任何相关性。对于这类情况，抖音官方则会降低其热度权重，不再进行热门推荐。

这一机制主要是针对"蹭热门"的运营者，这些运营者往往依靠新奇的"蹭热门"内容获得关注，但此后所发布的内容却完全不是同一类型。分析这些运营者所发布的视频内容，除了"蹭热门"内容获得点赞和评论较多，其他视频内容的点赞和评论则寥寥无几。

深耕垂直领域内容还可以帮助运营者形成独特的内容标签，加深粉丝对运营者的印象。可能在内容运营之初，因为粉丝基数较少，传播范围有限，视频内容获得的流量也不多。

但如果运营者能坚持下来，始终在垂直领域做内容，不断优化内容质量，就有机会获得推荐，创造热门视频内容。到时候，深耕垂直领域内容的优势就会显现出来，粉丝会去翻找运营者以前的视频内容，进一步增加视频内容的曝光量。

2.2 内容策划

2.2.1 内容主题

运营者所发布的每一条视频，都要有一个鲜明的主题。在主题确定之后，运营者才能够对具体内容进行筹划。

如果运营者想要创作一个搞笑类的舞蹈视频，那主题内容就要确定为“搞笑”，相对来说，舞蹈就成了具体的表现形式，也就是次要的内容。这就是说，在具体内容中，运营者需要更多考虑如何让整个内容搞笑，而不是要去考虑如何让舞蹈动作更加流畅标准。

舞蹈动作需要配合“搞笑”这一主题，并为这一主题服务，一旦脱离这一特定主题，整个视频内容就会陷入混乱之中，运营者想要呈现出来的主题效果就很难实现。

在确定内容主题时，运营者需要在自己的内容领域中进行思考。同时，还要关注一些社会热点和时事，具有热度和新鲜度的主题显然要比普通主题更受粉丝欢迎。对于那些热点类视频内容运营者来说，主题确定更需要注重这些要素。

2018年12月4日，为救战友而牺牲的武警特战排长王成龙回归故里，各大视频网站争相报道，王成龙的英勇事迹在全网传开。此时的抖音平台上，也迅速涌现出一批见义勇为、乐于助人的军人视频，这些视频中，描述着一个又一个舍己为人、英勇无畏的军人形象。同时，也有许多抖音运营者采取唱歌缅怀、情景剧演绎等方式，来向军人致敬。

一系列以"铁血军魂"为主题的抖音视频被推送成了热门视频，与此相关的账号也获得了众多粉丝的关注。

除了社会时事热点方面的主题，运营者还可以从自己身边的人或物上面去挖掘主题。有的人随手拍摄一个路牌的视频就能上热门，这是因为他所拍摄的内容是独特的，别人所没有注意的。这些内容既新鲜又有趣，所以才会被这么多人所吸引。

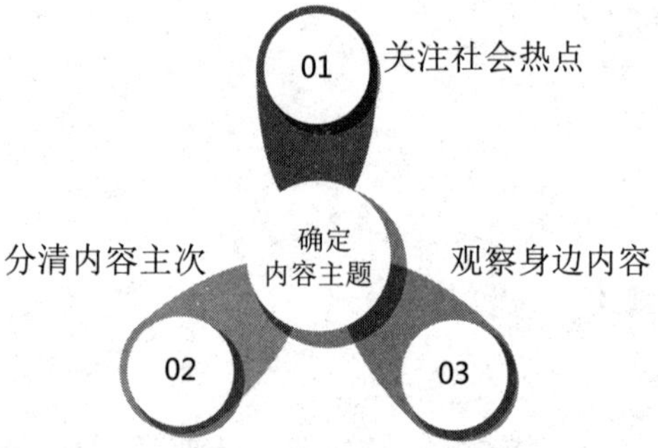

在确定视频内容主题时，运营者还需要考虑连续性的问题，如果同样的主题无法更好地延续，或者是同一个运营者的不同视频内容出现了主题冲突，就会造成极为尴尬的局面。说得严重一点，还会对抖音运营造成毁灭性打击。

2.2.2 内容文案

在抖音内容运营中，视频内容编排自然重要，但与此同时，与视频内容一同展现给粉丝的，还有视频内容介绍，也就是视频内容文案。从重要性来看，视频内容文案和视频内容是同等重要的。

一些运营者在做内容运营时，会忽视内容文案的作用，但在很多时候，内容文案往往能让粉丝迅速领会视频内容的精髓。有时也能带动粉丝关注和互动，扩大视频内容的传播范围。

抖音平台上的内容文案主要可以分为以下几种类型。

1. 互动型内容文案

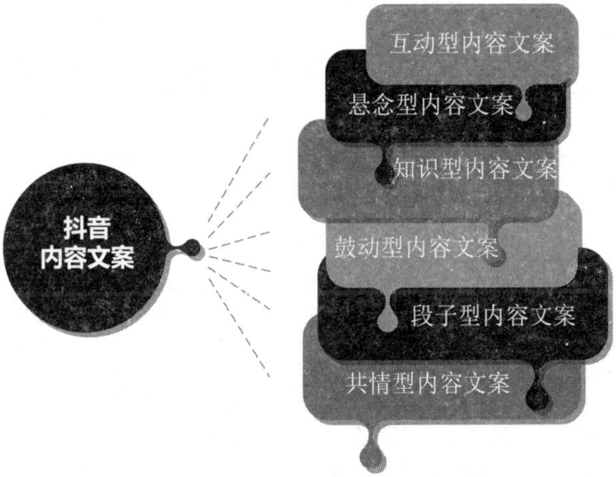

这种类型的内容文案多采用问句的形式，运营者会将观看视频的粉丝当成互动的另一方，通过互动问话来加深彼此间的联系。

常见的内容文案有"换一种风格，你喜欢这样的我吗？""今天的我你们给打几分？""心情不好，怎么办？"

2. 悬念型内容文案

这种类型的内容文案注重设置悬念，目的在于吸引用户在视频页面上停留更长时间。这样一来，不仅能够提高视频内容的完播率，同时还可以提升粉丝的转化率。

常见的内容文案有"千万不要眨眼，惊喜马上出现！""为什么结局会是这样？""真是万万想不到啊！"

3. 知识型内容文案

这种类型的内容文案经常会用一些不常接触的知识或者现象，来影响粉丝的情绪，引发粉丝的好奇心理，有时还会制造一些人为的"恐慌感"。

常见的内容文案有“每天刷牙的你，真的会刷牙吗？”“西红柿不是蔬菜，你知道吗？”“在这个看脸的世界，动物结婚也看脸！”

4. 鼓动型内容文案

这种类型的文案传达的往往是一些正能量、美好的内容，目的在于调动粉丝的积极性，引发粉丝共鸣，从情感上抓住粉丝。

常见的内容文案有“3个月时间，减掉50斤，我能做到，你们也能！”“从负债20万到全款买下第一套房，我只用了两年时间。”

5. 段子型内容文案

这种类型的内容文案非常有趣，但也可能很无厘头。文案内容可能与视频内容并没有什么关联。

6. 共情型内容文案

这种类型的内容文案更多是平铺直叙事件，在内容叙述中，往往带有很浓的博同情意味。一些特殊事件很容易触动有相同经历的粉丝的情绪，让特定粉丝群体感同身受。

常见内容文案有“明天前女友结婚，祝她幸福！”“做哪行都不容易，为清洁工人点赞！”“老板真不是个东西，明天就辞职走人！”

无论是哪种类型的内容文案，与内容相契合是最为重要的。当然，很多时候，如果能在内容文案中应用一些技巧，就更容易获得粉丝的点赞或关注。

2.2.3 内容剪辑

仔细分析抖音头部红人的视频内容可以发现，他们在做视频内容时，不少都运用了视频剪辑技巧。通过视频剪辑或是后期配音，视频内容可以展现出更好的效果。

在大多数综艺节目中，都会看到视频剪辑的身影，很多时候，高超的视频剪辑技术甚至可以制造出混淆视听的效果。许多综艺节目都是靠着后期剪辑的“神操作”弥补了拍摄中的不足。在抖音平台上，视频剪辑技术也发挥着同样重要的作用。

“15秒的短视频还需要剪辑？简单一拍不就结束了吗？”大多数新手运营者会提出这样的问题，他们认为短视频正是凭借这种直接拍摄的方式，才赢得粉丝的喜爱的，根本不需要费时费力去剪辑。但经验丰富的抖音运营者都知道，只有经过视频剪辑处理，他们的视频内容才能更有趣、更完美。

对于抖音短视频内容来说，剪辑的第一个作用在于，它可以删除掉冗杂内容，这样可以帮助运营者更好地展示重点内容。运营者想要在视频中着重表达什么，就可以突出呈现这些方面的内容，把与之关联不大的内容剪辑掉。大多数有故事情节的短视频，都需要剪辑来完成内容的拣选工作。

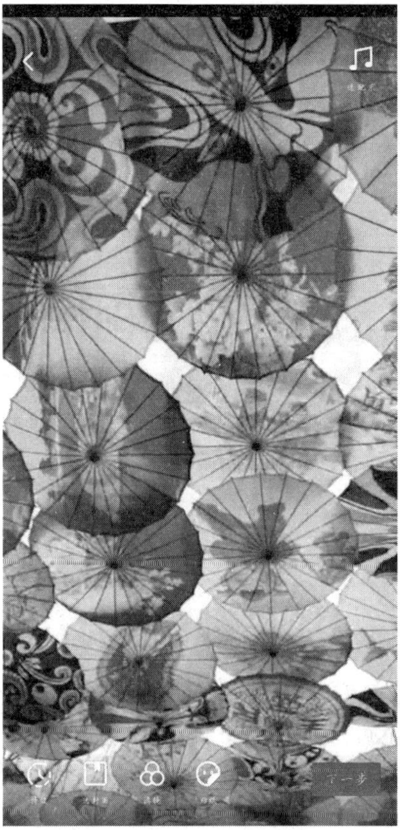

编辑抖音视频内容

视频剪辑的第二个作用在于为视频内容增添特殊效果。借助于视频剪辑，运营者可以为视频内容增加多种不同特效，将一些现实生活中本不能实现的内容变为现实。

通过视频剪辑，运营者可以将视频改造成各种风格。对于那些创作原创视频内容的运营者来说，视频剪辑是必不可少的一项内容运营环节。很多时候，在具体内容确定之时，视频剪辑的相关要求也就随之确定了。

2.3 内容创作

2.3.1 坚持原创很重要

前面谈到内容定位要尽量独树一帜，只有突出个性，展现出独有特征，才能在众多竞争者中脱颖而出。这一点不仅在抖音平台上十分重要，而且在所有新媒体平台上都是适用的。

当前，新媒体行业呈现出蓬勃发展的景象，无论是以抖音为代表的短视频新媒体平台，还是以微信公众号为代表的图文新媒体平台，都吸引了众多运营者加入其中。

运营新媒体平台并不难，只要完成账号注册，学会上传内容就可以了。但如何真正将内容推向大众，如何吸引更多的人关注你的内容，如何让粉丝自觉将内容分享给其他人，是运营者需要面对并解决的难题。

在抖音平台上，同一领域中的同类型账号非常多，在搜索框中输入一个关键词，就能够出现许多同类型账号内容。从账号内容类型上，运营者无法做到独一无二，因为平台上可供选择的内容只有那么多。对此，运营者如果要突出特点，就需要在内容本身上做文章。

在领域选择上，运营者很难避免与其他人重复，跳舞就是跳舞、唱歌就是唱歌、魔术就是魔术，内容领域确定后，就需要在内容细节上多下功夫。

在内容细节上下功夫，最好的办法就是坚持内容原创。当前，抖音平台内容的同质化已经非常严重。即使是在细分的领域，同类内容也是比比皆是。因此，与其他内容运营者做出区别最好的方法，就是始终坚持内容原创。

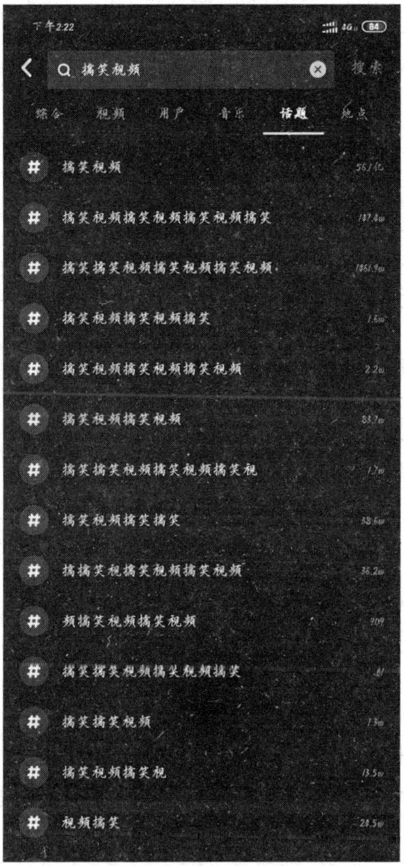

抖音同类型话题热度

一些运营者认为，依靠搬运内容也能够获得大量粉丝，而且效率很高，投入很少。确实，搬运内容是一种简单易行的内容运营方法，但正是因为这种反复不断的搬运行为，才导致了抖音平台同质化内容过分堆积，用户体验下降情况的发生。

更何况，搬运来的内容往往较为杂乱，很难形成自己的独特风格，在内容价值变现上也很难操作。一旦哪一天抖音官方严查抄袭搬运行为，这些视频运营者的“生路”就会被截断。

一个抖音账号保持持续吸引力的关键就在于内容创新，有个性的原创内容是账号升值的关键。

对于新手运营者来说，如果缺少必备能力，一上来就创新，会有很大的难度，同时也会影响到视频内容更新的持续性。因此，在最初阶段，运营者可以选择模仿他人的内容，在此基础上进行内容创新，为视频赋予自己独特的人格化特征。

严格来说，这种内容创作方式并不能算原创，但相比于直接搬运他人内容要好得多。那些想要真正进行内容原创的运营者，可以选择自己去挖掘内容素材。原创的内容可以来自于自然生活、兴趣爱好，也可以来自于专业特长、热点跟拍等方面。

原创视频内容除了要在具体情节方面出新，还可以使用一些拍摄的小技巧，增强视频内容的感染力。简单的原创内容是不难做的，运营者只要具备一定的拍摄技巧，认真观察生活中的点点滴滴，多思考多动脑，就能从生活中获得启发，完成原创内容的创作。

之所以说生活中处处可以发现原创内容，是因为抖音平台受众强大的内容需求。在抖音平台上，各类内容都会找到自己的一席之地。所以，运营者在哪个领域进行内容原创，都会有相应的受众。如果原创内容足够优质，其影响还会跨越内容领域，成为整个抖音平台上的热门内容。

2.3.2 视频内容场景选择

对于学习摄影的人来说，拍摄抖音视频应该是一件得心应手的事情。具有摄影经验的人懂得调和环境与人物之间的关系，他们会将人与环境相结合来传达内容和情感。

不同的环境所烘托出来的气氛是不同的，人物身处其中所表现出的心理情感也会有所不同。一些抖音视频虽然内容上差异不大，但所呈现出的效果却截然不同，其中的重要原因就在于场景选择上的不同。

一般来说，抖音视频内容在场景选择上可以分为人工场景和自然场景。

人工场景主要是根据拍摄需要人为搭建起来的布景。人工场景的布置过程较为烦琐，但可操作性强，可以根据想法来自行设计。

2018年较受欢迎的抖音自然场景

自然场景是那些原本就存在的场景，不需要人工搭建，运营者可以为其增添相应装饰。室内场景选择往往是卧室、餐厅或商场，而室外场景大多是一些自然美景或建筑物。

在选择场景时，运营者需要根据视频内容进行搭配。当然，在一些特定风格的视频内容中，场景和人物形成强烈反差，也能营造出较为强烈的效果。

一个最为简单的例子就是跳舞视频场景的选择。正常来说，跳舞的最佳场景应该是舞厅。但大多数舞蹈类抖音运营者却选择将热闹的大街、无人的车库、繁华的商店门前作为主要场景，这种反差所带来的效果是非常明显的。这些视频内容所吸引的不仅是路人的目光，还有许多抖音平台粉丝的目光。

2.3.3 找对方法更简单

一些运营者认为，定位于垂直领域的抖音账号，在内容选择上的余地很少，这会导致视频素材可供选择的范围降低，让内容原创变得更为困难。这种细分领域内容创新的困难始终困扰着大多数运营者。

困难确实是存在的，大多数人认为细分领域能够原创的内容少，事实却并非如此。只有那些竭力挖掘细分领域内容的运营者知道，这些领域中蕴含着无限多有价值的内容。

“大连老湿王博文”就是细分领域原创内容的佼佼者。他的抖音视频内容主要以搞笑模仿为主，具体内容主要是一些家长里短，比较有特色的地方在于，视频中的妈妈、老师和七大姑八大姨都是他自己扮演的。

“家长里短”之中可以做的内容有很多，虽然对抖音粉丝来说，他们对大多数“家长里短”都已经见怪不怪了，但奇怪的是，“大连老湿王博文”的视频内容却吸引了众多粉丝关注，在视频中，无论是唠叨的妈妈，还是好吃懒做的女儿，都被他演绎得惟妙惟肖，他俨然将抖音内容做成了连续的情景喜剧。

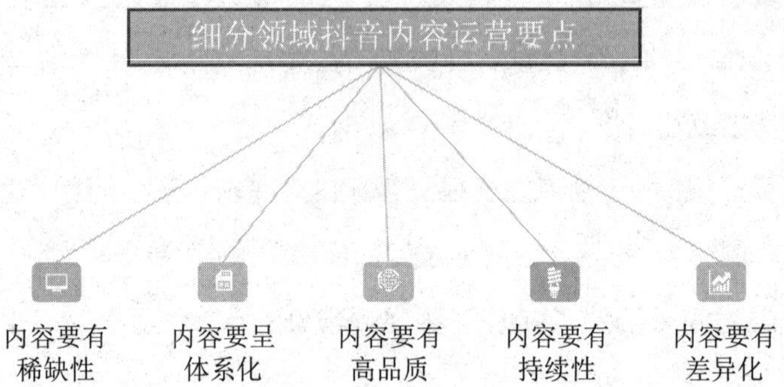

对于王博文来说，生活就是最好的素材库。在别人眼中看似千篇一律的日常，到了他手中就成了风趣幽默的内容。更为重要的一点在于，王博文并没有找很多人来共同演绎一出情景剧，而是自己一个人扮演所有角色，这种创意也成为其成功的关键。

除了母亲和女儿，王博文还扮演了老师和商场售货员等很多角色，这些角色都被他演绎得入木三分。此后，他又开始尝试一人分饰三角、四角，不断提升着内容品质。

相比于其他运营者绞尽脑汁地想创意，王博文将更多精力放在了琢磨演技上。在找到了对的方法之后，一切运营工作就变得简单起来。由于王博文的内容极具个人特色，其他运营者也很难模仿到其精髓所在。

2.4 内容运营的要点

2.4.1 抓住人性，打动人心

在做抖音内容运营时，除了要做好视频内容的创作和策划，还需要注意一些细节方面的要点。从整体上来看，抖音视频内容运营需要遵循一些必要的原则，这些原则也是热门视频内容的必备要点。

1. 突出性原则

所谓突出性原则就是要将自己最想要表达的东西放在最为显眼的地方。以单个视频内容来说，在剧情高潮节点上凸显主旨，是一种十分有效的方法。直白地向用户展示内容主旨，要比让用户自行去感受强得多。

在软文营销领域，“标题党”经常会受到用户的“口诛笔伐”，这种情况在抖音平台上也很常见。有些抖音运营者会将视频标题起得非常“玄乎”，比如“仔细看，你能发现么？太吓人了！”

这类标题虽然采用了设置悬念的方法，能够吸引粉丝关注，引发粉丝的观看欲望。但如果在具体内容表现上不尽如人意，满足不了粉丝的好奇心，就很容易造成反向的效果。这种类型的视频最大问题就是表意不突出，想给粉丝制造悬疑和惊喜，却又无法用具体内容呈现出来。

还有一类常见的抖音视频也忽略了突出性这一原则，这类视频的最主要问题在于信息堆积现象比较严重。运营者想要通过视频内容传达出很多信息，但15秒的视频时长并不足以传达出太多信息。运营者将所有信息内容堆积在一起的结果就是粉丝不知道重点在哪里，以至于这么多信息一个也没被记住。

2. 浅显化原则

所谓浅显化原则，就是让视频内容更容易被理解。抖音平台上的用户构成非常复杂，不仅有潮流前卫的90后、00后，也有传统出新的70后、80后，想要让自己的内容符合所有用户的口味，显然是不现实的。这时候，把内容做得通俗易懂就很有必要了。

当今时代，信息碎片化越来越严重，人们也变得越来越匆忙，很少有人能够长时间将注意力聚焦在一个点上。短视频正是通过“短”这一优势，从长视频那里争取来了许多用户，看一段15秒的视频，并不会花费多少时间，也不需要太多的深度思考。很多用户刷抖音的目的很简单，就是为了放松心情，这种时候让他们看晦涩难懂的内容，显然是不合适的。

大多数用户在划到复杂的视频内容时，都会顺势一划，去观看其他内容。因为他们喜欢的是抖音短视频的直接刺激。对于那些不容易理解的内容，运营者可以采取一种故事化的方式将其简化，这样的呈现方式既趣味无穷又通俗易懂。

3. 吸引力原则

所谓吸引力，就是要保证视频内容中存在亮点，这与前面提到的突出性原则有着明显的区别。突出性原则强调的是要突出视频的重点和亮点，而吸引力原则更强调如何制造和延续亮点。

一个抖音视频如果没有亮点，就不会有太多人感兴趣，观看和点赞的人少，官方就不会持续给予流量支持。

可以看到，那些抖音平台上播放量较低的视频内容大多是缺少亮点的，更多是“随手”拍摄的视频内容。虽然抖音提倡的是“记录美好生活”，但对于专业的抖音运营者来说，绞尽脑汁去制造生活中的各种美好是非常必要的。抖音上的热门视频大多经过了细致构思、反复排演、个性剪辑的过程，才呈现出了各种生活的“美好”。

在抖音平台上，有的运营者会在视频内容中制造亮点，有的运营者本身就自带亮点。抖音运营者“我叫张小五”是一个普通的育儿妈妈，生活中普普通通的她在抖音上拥有270多万的粉丝。观察她发布的视频内容，似乎并没有什么特别之处，都是些再普通不过的生活日常，那为什么她会在抖音上如此受欢迎呢？

从粉丝评论中可以发现，大多数粉丝认为她的颜值在线、个性淳朴，并且还非常具有正能量。吸引粉丝的，正是她身上的这些典型特征。

无论是自带亮点，还是在视频内容中制造亮点，只要能持续利用亮点来吸引粉丝关注，就是成功的内容运营。

4. 参与性原则

所谓参与性原则，其重点并不在于与用户的互动，而是强调视频内容的可模仿性和可挑战性。挑战赛是抖音平台衍生出来的一种强参与活动，这些活动内容往往具有较强的针对性或是特殊意义。

此前，抖音平台上的“橙子微笑挑战”，就是一场关注特殊疾病群体的挑战活动，人们在参与挑战的同时，也加深了对这种特殊病症的了解，普及了相关疾病知识。这种参与性较强的视频内容也更容易广泛地传播出去。

另一类参与性较强的视频内容是舞蹈类视频，动感的音乐，婀娜的舞姿，不一样的人来跳，呈现的效果是大不一样的。这类模仿类舞蹈视频比较容易获得推荐，也更容易上热门。当然，如果运营者能够创作出模仿性和挑战性极强的视频内容，那将会为自己吸引大量的粉丝。

想要让自己的抖音作品打动粉丝的内心，就要切实去践行这些原则，把握这些内容运营的要点，这样才能做好抖音的内容运营工作。

抖音“橙子微笑挑战”

2.4.2 注意规范，小心禁忌

“无规矩不成方圆”，抖音官方为了更好地维护抖音平台的稳定有序，推出了一系列具体的规范和准则。这些规范和准则涉及抖音运营的方方面面，尤其是在抖音内容方面，有一些规范和禁忌是必须严格执行的。

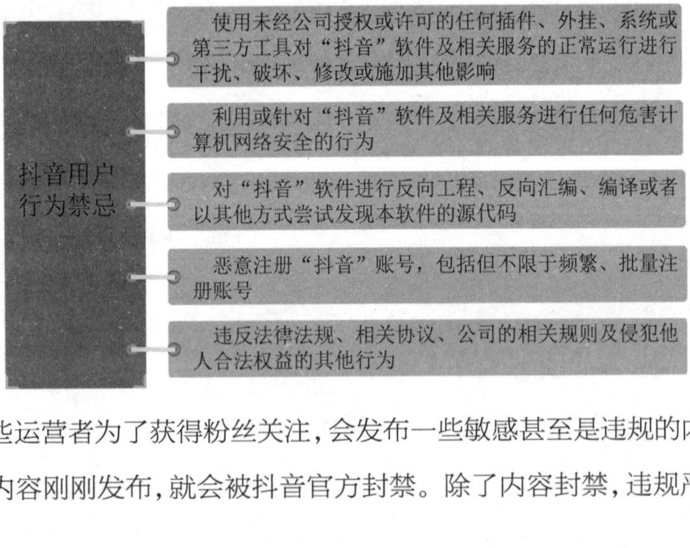

一些运营者为了获得粉丝关注，会发布一些敏感甚至是违规的内容。很多时候内容刚刚发布，就会被抖音官方封禁。除了内容封禁，违规严重的运营者还会被限制流量，甚至是封禁账号。对于那些拥有一定粉丝基础的运营者来说，封禁账号的后果是不可想象的。

那些明确的规范和准则在抖音平台的官方公告中可以直接被查找到，抖音官方也会经常提醒内容运营者相关的规范与准则。但有时候，除了这些抖音官方明令禁止的行为外，还有一些没有明确规定，但依然不能轻易触碰的规则，否则会影响抖音内容运营的展开。因此，运营者很有必要花费一定时间去了解这些潜藏于“桌面底下的规矩”。

1. 三观不正

这里所说的三观不正并不是说运营者的观点与大众主流观点不一致，而是特指那些价值观已经严重扭曲的运营者。

号称“抖音第一网红”的温婉被封号，就是因其所传达的价值观发生了问题。温婉因为一个在地下车库跳《Gucci Gucci Prada Prada》的舞蹈而爆红，抖音粉丝疯长几百万。但随后接连爆出的内容，让温婉的形象一落千丈。大多数家长认为其三观不正，会影响孩子的成长，便纷纷向抖音官方投诉，最终温婉账号被抖音封禁。

如果要将不正确的三观呈现给其他人，尤其是呈现给那些三观还未形成的未成年人，就会造成不可想象的后果。

抖音平台中的粉丝超过80%都是24岁以下的年轻人，这一粉丝群体很容易受到抖音运营者所传播内容的影响。如果让那种读书无用、不劳而获的价值观在抖音平台传播，很容易影响年轻人价值观的形成。如果让那些三观不正的运营者通过抖音获得了财富、成了典范，那么那些还不成熟的未成年人就很容易受其影响，去接纳并效仿此类价值观行为。

有的运营者喜欢在视频内容中炫耀财富，这一点无可厚非，只要是通过正常渠道获得的财富，都是合情合理的。但如果过度崇拜金钱，在抖音平台上炫耀那些通过不正当手段获得的财富，来满足自己的表现欲望，这就是三观不正的表现。

抖音平台虽然没有对三观不正的运营者和视频内容做出明确规定，但在审查方面却是非常严格的。随着抖音短视频在社会上的影响力不断扩大，对于三观不正内容的审核也将会越来越严格。

2. 夸张表演

一些抖音运营者在视频中采用作秀或是扮丑、扮傻的方式来吸引粉丝关注，这类行为也是抖音平台所反对的。虽然这类视频没有触犯相关法律规定和平台规范，但其所表现出来的更多是负面内容。

夸张表演类的视频内容在粉丝眼中会非常“假”，粉丝想要看到的是真实社会生活的反映。当前，抖音平台上有很多账号通过这种“夸张表演”的方式火了起来，但从长远来看，不仅抖音官方会对这种情况进行管理，粉丝也会逐渐看透其本质，不再关注这些无意义的内容。

这里所说的夸张表演类视频内容，并不是那些搞笑类、模仿类或是吐槽类的原创内容。而是指那些如“炫富式假摔”一样，毫无意义、毫无价值的过度表演，其所传递的是负面的不正确的思想内容。

3. 乱蹭热度

蹭热度是抖音平台上一种常见的内容运营方法，这种方法在应用时需要把握时机和尺度，如果时机没选对，或是尺度上超出了正常范围，就很容易出现乱蹭热度的现象，由此造成不良影响。

一些运营者在做内容运营时，针对热点问题发表自己的观点，大肆散播体现错误价值观的内容。虽然其表达的只是个人观点，但抖音平台作为一个公众平台，运营者还是要注意的。每个人都有言论自由的权利，但如果错误运用这种权利，就很容易造成难以预估的负面影响。

在抖音平台上做运营，就需要遵守平台的规范和准则。除了不能违反那些官方明确规定的要求，运营者还需要从社会公德和正确价值观方面去考量自己发布的内容。想要吸引粉丝，获得关注，不一定非得依靠造势和噱头，抖音平台向来推崇正能量的内容，对于正能量内容也会给予一定的流量支持。运营者应该从正确的方向去做内容，这样才能真正实现“名利双收”。

第3章 THREE

个人 IP，我最闪亮

3.1 出镜人物的自我修养

3.1.1 你的目的是什么

2019年，抖音已经成了家喻户晓的短视频内容平台，不仅90后、00后在刷抖音，80后、70后和60后们也在刷抖音。随着受众群体逐渐广泛，短视频行业也迎来了自己“最好的时代”。

对于大多数普通用户来说，玩抖音更多是被其中的有趣内容所吸引，刷抖音也更多只是在无聊的时候娱乐身心、放松自我。但随着抖音平台上的流量越聚越多，不少用户观念发生了转变，开始将抖音作为一种营销工具来看待。抖音达人的爆火更是引燃了抖音用户的热情，越来越多的人开始利用抖音来创造商业价值。

当今，不少事物都是瞬息万变的，最初的不可能经过发展变化后，也能变成可能。不同的时代会出现不同的事物，这些事物本身蕴含着巨大的机会与挑战。毫无疑问，在短视频时代，以抖音为代表的短视频平台中就蕴藏着巨大的“宝藏”。

抖音为很多普通人提供了展示自己的机会，它不像其他平台会设置这样那样的准入条件，用户只要拥有一部手机，就可以轻松开始自己的抖音之旅。凭借着独特的算法机制，抖音让更多普通用户的视频内容得到曝光、成为爆款，在抖音平台上，明星可能成为普通用户，而普通用户也能变成闪亮的“明星”。

不同的人对抖音平台有着不同的期待，有人想要依靠抖音成为网红，有人想要依靠抖音赚到大钱，有的人则只想通过抖音来展示自己的才艺。基于这些期待，人们开始在抖音平台上“各显神通”。

不论是什么目的，想要做抖音，运营者首先要做的一点就是明确目的。“赚大钱”是目的，“当网红”是目的，只要不违反法律规定和平台要求，任何愿望都值得去追求。

玩抖音的运营者千千万万，真正能够成为抖音达人的却也只有那么几个。在这些抖音达人身上，运营者都可以看到其明确的目的性。正是基于每个人不同的目的，他们所发布的视频内容才会具有明显的个人特色。

因此，在运营抖音之前为自己定一个明确的目的是十分必要的。只有知道自己为什么做抖音，才能知道如何更好地开展后续运营工作，才能明确自己真正要做的是什么。

3.1.2 做内容前，先审视自己

做抖音，明确目的是第一步，在明确了运营目的后就要考虑如何去做内容了。作为抖音运营最核心的工作，内容运营关系着整个抖音运营的成败，而做内容的第一步要从认真审视自己开始。

运营者审视自己的过程，就是构思运营策略的过程。审视自己关键在于找到自己做抖音的优势和劣势，优势需要充分发挥，劣势则要尽快补足，这样才能更好地开展运营活动。

在抖音平台上做运营，一个人的力量往往是势单力孤的。许多运营者会采取团队协作的方式来做运营，这种方式既可以弥补个人在能力上的不足，又能实现优势互补。

无论是个人运营，还是团队运营，想要创作出爆款内容，还需要了解抖音视频内容的要点，以及其所需要的运营者能力。

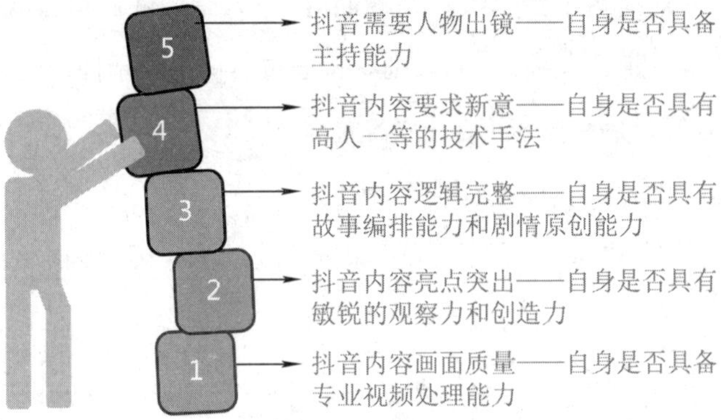

第一点，抖音视频内容对画面质量有一定的要求，一般来说，清晰度、色彩度和饱和度等方面是基本要求。对于运营者来说，除了需要配有专业设备外，还需要懂得一些视频拍摄技巧。

第二点，爆款的视频内容，往往是具有创意性的，这些视频内容亮点突

出，同时还具有深刻的内涵。这对运营者的观察能力和表达能力有一定要求，同时还要求运营者对热点话题具有一定的敏感度。

第三点，视频内容在故事编排上要有一定的逻辑性，同时还要保证剧情合理完整，即使是无厘头的内容，也不能胡诌乱扯。这就要求运营者具备一定的创造能力和故事编排能力，原创剧情内容更容易吸引粉丝关注，同时在创作的难度上也更高。

第四点，如果是以技巧取胜的视频内容，还需要注意拍摄手法的专业和新奇。这要求运营者具备一定的视频剪辑技巧，想要做好剧情类和技术流的视频，运营者要在技术手段上下功夫。

第五点，如果在视频中需要人物出镜，运营者还要对出镜人物的风格进行定位。是温文尔雅的主持，还是诙谐幽默的采访，抑或是专业性秀技等，都需要根据整体风格来确定。相对来说，有出镜人物的视频内容，更适合团队操作。

上面提到的几点内容，是抖音内容运营的一些细节部分，运营者需要根据这些内容对自身条件进行判断。

个人运营者可以根据自己的个人能力来进行判定，如果在一些关键能力方面有所欠缺，可以选择与他人合作来开展运营工作。团队运营已经成为当前抖音平台运营的主流形式，团队中成员分工合作、优势互补，能够更好地完成内容创作。

当然，如果运营者只想做个人运营，则可以在视频内容里多发挥自身优势，规避劣势。

比如，如果运营者颜值不够高，那就尽量将才艺等其他要素作为主要视频内容。如果运营者缺少原创经验，则可以寻找一些热门内容，进行二次创作，加入一些个性化的元素，以此来积累原创经验。对于缺少技术能力，拍摄和剪辑能力不强的运营者，则需要多加学习，反复练习才能提升能力。

无论是个人运营，还是团队运营，想要做出好的内容，都需要脚踏实地、一点一滴地去学习和积累。

3.1.3 你有什么特别之处

网红经济这个概念已经出现了好些年，最初借助互联网发展而成长起来的网红，后来获得了更加广阔的生存空间。但正如大浪淘沙一般，每一次互联网工具的变革，都会带来一批网红，同时也会让一些网红销声匿迹。

以抖音为代表的短视频平台的出现，更是证明了这一点。

依靠抖音平台，许多默默无闻的运营者成长为抖音红人，与此同时，一些没有来得及转型的网络红人们在错过新机遇的同时，也逐渐失去流量。“江山代有才人出，各领风骚数百年”，在快节奏的网络时代，“百年时间”也只是一眨眼的工夫。

从当前众多抖音红人的发迹历程来看，普通运营者转变成为抖音红人可选择的方式和道路有很多。当然，对于运营者来说，没有哪种方法是最好的，只有选择适合自己的方法，才有可能成功走到终点。不适合自己的方法即使有千万人成功，也不一定会对自己有效，运营者一定要认清这一点。

抖音红人秘籍一：颜值就是流量

在网红经济中，颜值的作用和价值被展现得淋漓尽致。在这个“看脸的时代”，很多网络红人就是因为颜值高，获得了粉丝的青睐。翻看抖音红人视频内容的评论可以发现，“恋爱了”“心动的感觉”等内容比比皆是。不得不说，在抖音平台上，颜值的高低影响着流量的大小。

高颜值美女身后总会有很多追随者，无论是在虚拟的互联网世界，还是在现实世界都是如此。高颜值的美女即使没有什么才艺，不讲什么幽默笑话，也能吸引大批粉丝的关注。聊聊天、化化妆，就能够收获万千粉丝的心。

在抖音平台上，高颜值帅哥同样有众多拥趸。如果帅哥再拥有一副天籁嗓音，那其“吸粉”能力将会远超单纯依靠颜值的运营者。由于抖音平台上女性用户比较多，高颜值帅哥要比高颜值美女更容易成为抖音红人。

抖音红人秘籍二：才艺就是王道

如果颜值不达标，才艺足够高也能吸粉。在抖音这个大舞台中，相比于颜值类运营者，靠才艺“吃饭”的运营者更容易获得成功。唱歌、跳舞、杂技、魔术……在抖音平台上，任何独特才艺都有展示的空间。

“代古拉K”的活力舞蹈，“M哥”的个性嗓音，虽然没有经过专业训练，她们依然凭借才艺成为抖音红人。还有演技高超的“大连老湿”，虽然颜值并不出众，但因为有才艺、有能力，也成了抖音平台上的红人。

在抖音平台上，只要拥有才艺，就不用担心被埋没。虽然最初受到的关注可能会比较少，但坚持更新内容，就会一点一点地积累起粉丝。在不断提升才艺的同时，运营者也会收获更多粉丝的关注。

抖音红人秘籍三：独特就是武器

在抖音平台上，有的运营者既没有颜值加分，才艺上也表现平平，却依然成了抖音红人。“西塘小哥”凭借自己“风骚”的舞蹈赢得了粉丝的关注，他并不在乎别人的眼光，愿意展现自己，也获得了意想不到的回报。

与其说抖音平台推崇高颜值，倒不如说抖音平台所推崇的是“独特”。有人认为不怕播主长得丑，就怕播主没特点。在抖音平台上，好看的人不一定能够走红，但走红的人大多都是有特点的。

运营者如果想要成为抖音红人，就要从这些方面考虑，找出自己能实现的独特本领。

3.2 优质IP人设的衡量因素

3.2.1 深入人心的IP形象

想要让抖音形象抓住人心，第一步就是要设定一个“必火”的人设。演艺圈明星要有人设，抖音圈流量同样要有人设。

那么，什么是人设呢？在IP孵化过程中，所谓“人设”就是指人物设定。往细里说，就是你这个人物究竟想展现给观众一个什么“面”。

在角色定位之前，我们要设计出IP的外在形象与性格。比如女汉子性格的IP人设，其外部形象也是英气飒爽的；再比如大胃王的IP人设，其外形也有其独特的要求——不能胖，要靓丽清爽。

抖音网红IP的“人设”，就是其与普通大众沟通的渠道，是可以拿出来宣传、营销的整体形象。对于成功的“人设”，公众一听到你的名字，脑海中就会浮现出一个画面，并对你的外形、性格和才艺有所联想和期待。

打个比方，当你听到办公室小野时，脑海里就会浮现出“办公室”“美食”“创意”等词语，小野精灵古怪的形象也会宛在目前；当你听到代古拉K，脑海里就会浮现出“短裙”“舞蹈”“笑容”等词语，一个集美貌与才华的女子就这样生成了……

抖音IP之所以要“人物设定”，无非是为了打造不同于其他网红的特点。

比如，大胃王密子君和李子柒同为美食网红IP，但当你听到她们的名字时，脑海里肯定会浮现不一样的画面。好的“人设”，公众一下就能将你从一众网红里“摘”出，辨识度很高。将大号与普通用户区分，考验的是IP本身；将大号与大号进行区分，考验的也许就是人设了。

这种“差异”，不仅能彰显出各个IP的性格与风格，还能将“流量变现”转换成商业价值。在当前信息爆炸的时代，注意力和眼球成为IP们竞抢的资源。塑造人设的目的，也是为了迎合大众的需求，这样才能让自己的流量快速变现。

一个好的人设，通常不是自然生成的，大IP的背后，都有自己的团队或经纪公司来策划包装。这个团队的目的，就是推出一个博人眼球的，有颜有趣的IP形象，并以此完成“流量变现”。

那么，塑造一个必火的人设，普通用户有什么套路可循呢？

第一套路，“我是谁”。这个套路就是让人们确定自己的形象与目的，完成“人设”的硬性塑造。

第二套路，“我要做什么”，我需要选择什么类目，才能在众多IP中脱颖而出。

第三套路，“凭什么人家要关注我”。这个套路是让IP明白自己的受众是谁。

下一节，我们将重点讲述第二套路——你的类目应当如何选择。

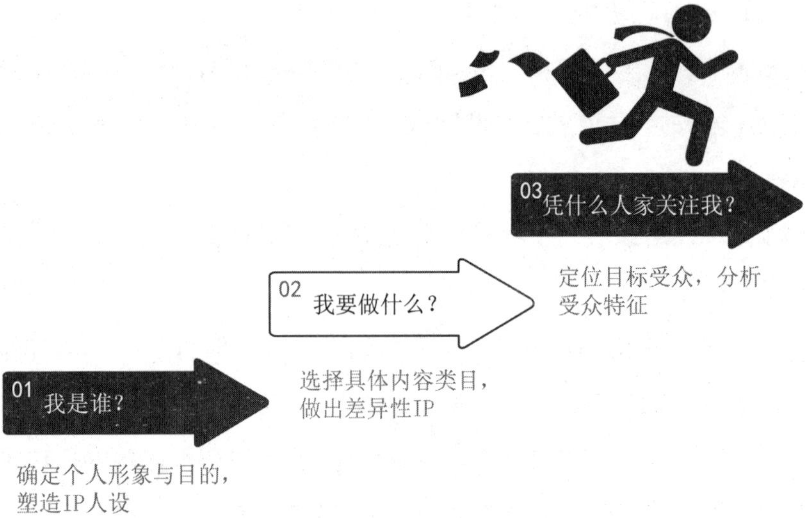

3.2.2 你的 IP 人设清晰吗

把IP要走的类目选择好，就是确定出一个细分领域，这个领域必须是垂直的，这样才能精准定位下一节要讲的受众。当IP确定了要走的类目后，受众才会在选择这个垂直领域时，第一时间想到这个IP。

就拿“办公室小野”为例，她在建立账号之初就确定了要走“美食”的类目，为了更好地吸引注意力，她将“美食”与“办公室”联系在一起，吸引了办公室内对制作美食和品尝美食有兴趣的群体。

出于此类目的考虑，小野推陈出新，将这个类目的具体内容发挥到了极致。比如怎么在办公室里用饮水机煮火锅，怎么用灯罩做水煮鱼。小野手很巧，时不时还会做些手工，做些摆盘，放在视频最后当作彩蛋。当用户想看有特色的“美食”内容时，第一个就会想到办公室小野，可见其人设的清晰定位。

当IP有清晰的定位之后，才能进一步考虑这个IP是否值得培养。在完成如何清晰人设这一板块时，会有五个方面的考量。这五方面的考量，也是抖音达人们分析IP是否具备潜力的五项标准。

1. 达人优势

这是对IP的外貌、才艺和输出能力等进行全方位的分析，以便判断IP未来的潜力与优势。

2. 达人劣势

对IP本身性格、创新能力和输出能力等，予以全方位的劣势分析，找出IP的自身短板。

3. 风险

这是经纪公司需要考量的问题，也就是说，如果签下你，会对经纪公司带来什么样的显性风险和隐性风险等。

4. 辨识度

对IP的人设、类目等需要有全面分析，抖音网红最需要的不是漂亮或帅气，而是辨识度。

5. 达人商业变现能力

达人商业变现能力就是考验IP是否具备商业变现能力，有没有变现方向和可供变现的渠道等。

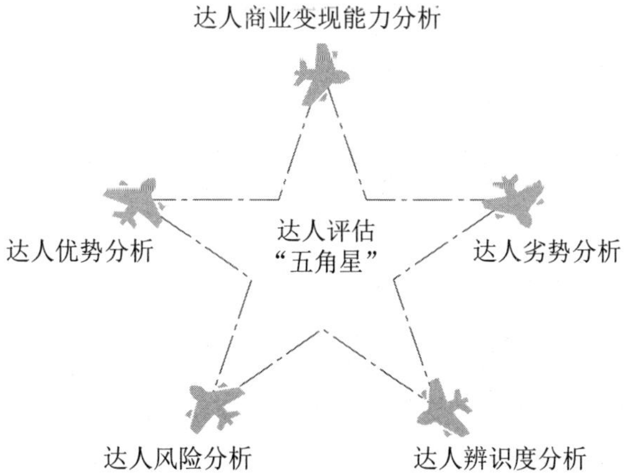

我们还是以“办公室小野”为例，从这五个标准来分析小野成为大IP的原因。

从优势上看，小野动手能力很强，内容输出能力高，且脑洞很大，是个非常优质的IP。

再看劣势，如果硬要从小野身上找劣势，那就是她不太爱笑。但这个缺陷并不能算坏事，反而在IP设定的后期，很多观众都觉得小野不笑的时候更加可爱，并且古灵精怪。

再看风险评估，小野无论在职业、信仰、精力方面，还是在家庭、未来职业规划和犯罪史方面，都是无可挑剔的三好青年。从风险方面看，经纪公司的风险很低。

再看辨识度，小野容颜姣好，姿容俏丽，且外形和行为上都有很高的辨识度。从脑洞上看，她有堪称清奇的想法，这是非常吸粉吸睛的。

最后来看变现方面，在美食这个垂直领域中，小野是独树一帜的网红。因此，会有很多美食、美妆方面的商家，寻找小野提出合作诉求。这也增加了小野的流量变现能力。

在IP人设清晰后，我们就要考虑下一节内容了——你的受众在哪里？

3.2.3 你的IP凭什么被人喜欢

我的角色凭什么被人喜欢？这是很多网红都要考虑的问题。要想明确IP的性格是否吸引人，是否鲜明独特，就要搞清楚IP的受众究竟是谁，并以此解决赛道的选择步骤。

我们在清晰人设后，就要思考如下问题。

我想吸引喜爱搞笑内容的受众？还是想要吸引喜爱动物的受众？我是想要吸引喜爱美食的受众？还是想要吸引喜爱运动的受众？

很多网红就是因为受众不明确，一会儿唱歌跳舞，一会儿直播做饭，一会儿高冷，一会儿搞笑，才留不住所谓的“老粉”的。

继续以“办公室小野”为例来分析。

在抖音圈子里，有很多网红都选择做美食。有的偏好制作家常菜，有的偏好制作精品菜，有的偏好制作点心；有些在户外直播，有些在厨房直播，有些在饭店直播。

在众多的美食网红中，“办公室小野”是如何与他们区别开的呢？

首先，她精准地将自己的受众定位到广大“办公室人群”，这是一个很庞大的群体，同时也是个未有人涉足开发的“处女地”。小野选择这条赛道的目的，就是告诉受众人群自己的主张——“办公室不止有KPI（关键绩效指标，Key Performance Indicator，简称KPI），更有诗和远方”。这就是办公室小野为受众们提供的价值。

从IP的名字、人设到内容，无一不体现“办公室美食”的赛道输出。她另辟蹊径，用经验和天赋完成了诸如“办公室火锅”“办公室烧烤”“办公室月饼”“办公室粽子”等精美独特的菜品。

对于小野这样的超级IP，其独特性成为“垄断”赛道的标志，后来人无论怎么推陈出新，也无法越过小野这座“元祖大山”。

从小野的例子我们也不难看出，独特性就是超级IP真正的“垄断”，只有找到自己独特的人设，才能最大限度地吸引受众，并且展现自己的潜能和价值。

好的IP人设，无论从个人形象还是穿着打扮，都向世界宣告了他的独一无二。通过IP人设的独特性，能迅速占据受众人群的内心，能让他们的脑海中形成深刻的人设印象，这也是为什么一部分人能“一夜爆红”的原因。

很多人都说，最近大火的小姐姐代古拉K是一个“幸运儿”。她的舞蹈功底算不上出众，甚至一些小众网红跳舞功底都比她强。但为什么一夜爆红的是代古拉K呢？原因很简单，她虽然以舞蹈为主要赛道，但却另辟蹊径，以单纯而甜美的笑容作为卖点。

很多跳舞的网红都是面无表情的，因为跳舞是件很费体力和精力的事。代古拉K正是看到了这一短板，才以此发挥，用笑容吸引了受众人群的目光。

可以说，代古拉K的受众人群定位很精准——喜欢看美女跳舞的，大多是年轻的男性。代古拉K正是利用这一点，让受众男粉丝们大呼“看到小姐姐的笑容，就觉得自己恋爱了。”很多人对着她的舞蹈怒刷十遍都不愿停下来，就是为了多看一遍小姐姐的甜美笑容。

有了这样的笑容，谁还会关注她的舞蹈呢？可如果单纯地卖笑容，只会让人平白生厌。代古拉K很巧妙地周旋了跳舞与笑容之间的平衡，最大限度地迎合了受众的需求和期待。

得益于此，代古拉K这支略显魔性的跳舞视频获得545万点赞量，转发数量也高达50万次，很多男性粉丝甚至将舞蹈动图下载，作为手机的专属屏保，代古拉K的个人账号，10天内暴涨了500万粉丝，攫取了巨大的商业变现量。

这就是代古拉K营销的成功，也是众多IP需要学习琢磨的范例。

3.3 最受欢迎的标签分类

3.3.1 颜值力

有人如此评价吴亦凡，“明明能靠脸吃饭，却偏偏要靠才华吃亏”。当然，这是吴亦凡粉丝的玩笑，但也从侧面肯定了吴亦凡的颜值。

某抖音达人评论词云

颜值对网红来说，几乎是入门级的要求了。当然，这里的颜值并非是“长得漂亮”和“长得帅气”，而是长得有特点，要跟普通的“网红脸”区别开。要让大众看到你的第一眼，就记住你长什么样子，这才是颜值力高的评判标准。

很多网红都会选择在直播时化妆、开美颜、开滤镜、开特效。这种方式带来的结果就是，大家长得几乎一模一样，统一的大眼尖脸高鼻梁，如果不是穿的衣服不同，看的人还以为跳舞跟做饭的是同一个人。

虽然这样的长相不能说丑，但确实是颜值力很低。颜值力低，就少了之前我们提到的独特性。网红更新迭代速度非常快，如果不能让受众在飞速刷视频的时候一眼记住你，就等于失去了一次走红的机遇。如果不红，即便把美颜用得再出神入化，对网红而言也是没有意义的。

正是因为颜值力的要求，一位东北大姐成了刷爆抖音的新一代网红。

众所周知，现代中国普遍以大眼睛为美，很多人还会通过化妆、戴美瞳，甚至割双眼皮、开眼角等方式让自己的眼睛看上去更大一些。可这位网红大姐对自己的小眼睛并不在意，反而很大方地给受众们展示了自己的小眼睛，博受众们一笑。

正是因为她的自信与独树一帜，让人们在短暂翻阅视频的时候，一眼就记住了她，并且成为她的粉丝，最终促成了这位大姐的走红。

随着自媒体飞速发展，抖音带火了一大批路人网红。在人们的传统印象中，一提起网红，脑海中就浮现出一位能歌善舞、尖脸大眼的浓妆美女，或者一位额头饱满、大平行双眼皮、无暇皮肤、微笑唇的鹅蛋初恋脸小萝莉来。

或许在抖音刚火的时候，这样的颜值力还行得通，但随着抖音与自媒体的发展，传统的“网红脸”就不吃香了。想要成为新一代网红，就要从颜值力上下功夫，这样才能让受众一下子被你的形象吸引。

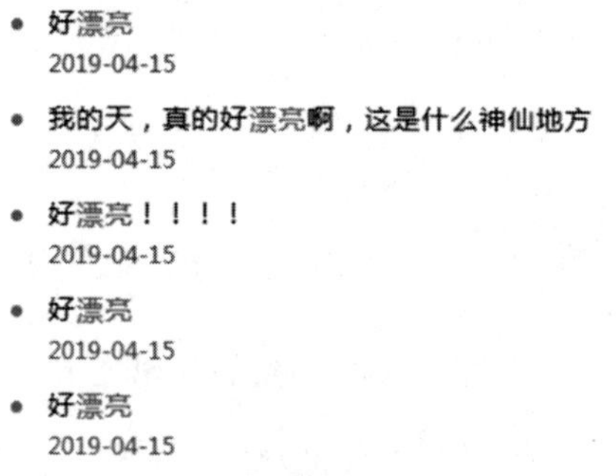

某抖音达人粉丝评论

对于这位小眼睛的东北大姐，网友们纷纷展开了神评论：

“这是开了小眼特效？”“您是林永健失散多年的亲妹妹吗？”“这才是

中国传统的小眼睛”……正是这些神评论，将大姐的关注量又一次推向高峰，她也成功地跻身大IP网红之列，获得了流量变现的资本。

同样让人一眼记住的，还有美女李子柒。在现代社会中，李子柒仿佛是个不食人间烟火的仙女，她宁静美好，洗衣做饭劈柴，纤细的身姿、精致的汉服以及忙碌的身影，让她在众多网红中脱颖而出，凭颜值力成为受众们一眼就能记住的网红。

所以，渴望变身超级IP的达人们，不要再拘泥于传统的网红脸。大胆地将自己最独特的一面展示出来，这才是吸引受众眼球的第一步。

3.3.2 搞笑力

“妈妈喜欢打麻将，可是后来我出生了，妈妈为了我，也为了整个家庭，毅然决然地放弃了麻将，因为她觉得，好像打我比较有趣。”这是某抖音大IP讲的搞笑段子。

随着自媒体软件层出不穷，一个个路人都在网红的道路上发光溢彩。

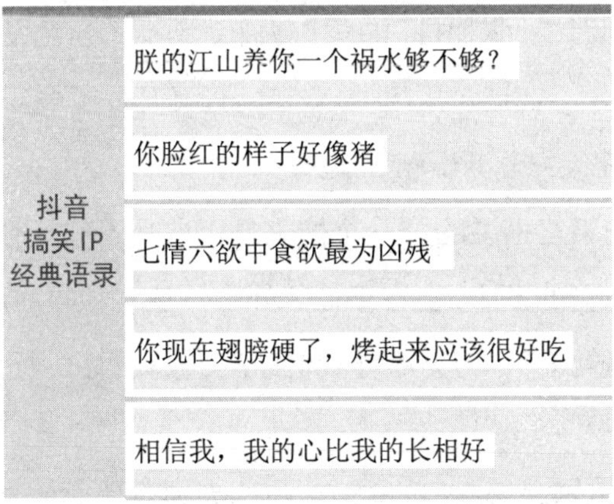

上网的人多了，世界也就大了。唱歌跳舞的网红越来越多，想要从这方面另辟蹊径已经很困难了。可在搞笑这条赛道中，IP们却拓宽了自己的“戏路”。

"元祖搞笑IP"艾克里里变现能力非常厉害。他通过搞笑吸粉后，又走上了美妆穿搭的赛道，同时，他还参与了《封神之天启》电视剧的拍摄，实现了当演员的梦想。

回顾近年来活跃在抖音上的搞笑IP，除了艾克里里外，还涌现了一大批新人。不管是最近大热的戏精牡丹，还是靠另类搞笑吸睛的辣目洋子、嗯呐朱莉，他们作为搞笑博主，不教美妆，不教穿搭，不做美食，也不唱歌跳舞，另辟蹊径靠搞笑掀起一阵热潮。

因此，一个IP的搞笑能力一定要够。新生代的搞笑IP，其表演欲和脑洞都更强。种类越来越多的网红崛起。这些新人，凭借更强劲的势头，逐渐改变了抖音原有的搞笑市场格局。

戏精牡丹是个"90后"大男孩，他为了吸引观众目光，一直饰演一个叫"张牡丹"的中年妇女。在视频中，他把中年妇女特有的"神经质、唠叨、迷信、爱孩子"演绎得淋漓尽致，以至于不少观众在看戏精牡丹的视频时，都在感叹"这不就是我妈本人吗？"

随着网友的审美疲劳，"张牡丹"已经不能满足大家关于"搞笑"的审美点，于是，他又创造了"张牡丹"的女儿凯丽。凯丽的角色设定是一个在外企工作的"都市丽人"，在这一角色中，戏精牡丹又开发了很多风格迥异的都市女白领角色，让搞笑力逐渐丰满起来。

就像一个知乎答主说的，"一个博主是否成功不在于他粉丝量的大小，不在于转发评论量的多少，更在于他的社会价值。牡丹在努力展现小人物的世界，这个世界由千千万万个你我他组成，在我看来，牡丹也在慢慢走向成功。"

由此，我们也不难看出，搞笑IP不仅能为观众传递价值观和感染力，同时也能为自己创造可观的经济收入。

当然，一个IP光有搞笑力还是不够的，下面一节，我们来分析IP的技术力。

3.3.3 技术力

身为IP，单靠颜值和搞笑力确实也能闯出一条赛道，但如果能再加入些技术因素，让别人无法逾越，那就能让IP更具备独特性。

惠子的抖音名是“惠子ssica”，她是一名来自陕西省西安市的妹子。如果说抖音里最会跳舞的美女，第一名就当属惠子了。惠子年轻性感又有活力，在舞蹈赛道中属于才艺颜值俱佳的IP。

随着自媒体与互联网的飞速发展，抖音几乎成为人手必备的App。惠子ssica作为“抖音跳舞第一女神”，颜值自然是非常高的，而且身材也很好。

有人说了，颜值高，身材好的网红不是一抓一大把吗？确实，所以，让惠子ssica脱颖而出的，还是她非常深厚的舞蹈功底。即便是外行人，也能看出惠子ssica的舞蹈节奏感非常强，且舞蹈功底十分深厚。当惠子ssica上传40个视频时，其粉丝量就达到了500万，并获得了1800多万次的点赞量。

传统网红的颜值高、身材好、有特长，这些惠子ssica都具备，而且她的技术含量比其他IP都高，且没有什么黑历史，可以说是非常值得热捧的网红了。

随着惠子ssica的热度水涨船高，一些网友扒出惠子ssica曾经是学戏曲的，这种传统文化与她本身呈现的现代舞风格产生了反差，一大批路人观众更是因此成为惠子ssica的粉丝。

戏曲专业是很考验嗓音和身段的，能学戏曲的，都是非常能吃苦的人。因此，惠子ssica比其他同赛道网红又多了一项优势。戏曲底子为她的舞蹈提供了帮助，其舞蹈节奏也显得更有张力。正是因为这样的技术含量，惠子ssica才获得了更多观众的认可，被网友封为“抖音舞蹈第一女神”。

除了惠子ssica外，黑脸V也是抖音短视频中难得的“技术流玩家”。他的作品在抖音上备受追捧。黑脸V使用技术将短视频进行后期剪辑，从而达到非常炫目的视觉效果。

正是黑脸V很难模仿的技术力，让他吸引了一大批固定的铁粉。虽然黑脸V没露过脸，但他靠技术力吸引的粉丝，一点都不比传统的漂亮网红们差。

会说话的刘二豆也是靠技术取胜的大神。不过，与其说她有技术，不如说她会吸粉。她凭借萌宠短视频，成功吸引了3400多万粉丝，这个数字比大部分明星还高，且她的短视频点赞量接近3亿，这是非常惊人的数字。

会说话的刘二豆发布的视频中，主要人物有主人公——小公猫刘二豆、主人豆妈、小母猫瓜子，她只是在讲述"一家三口"之间的家庭趣事，但技术难点就在于——猫咪是不会说话的，主人豆妈在短视频后期中，为刘二豆配音，赋予其"会说话"的天赋，让观众大呼可爱过瘾，成功吸引了众多粉丝。

3.3.4 表演力

表演是抖音IP们呈现给大家的最直观的行为。不管是舞蹈赛道、唱歌赛道、搞笑赛道还是美食赛道，大家都会通过表演的形式传达给观众一些东西。

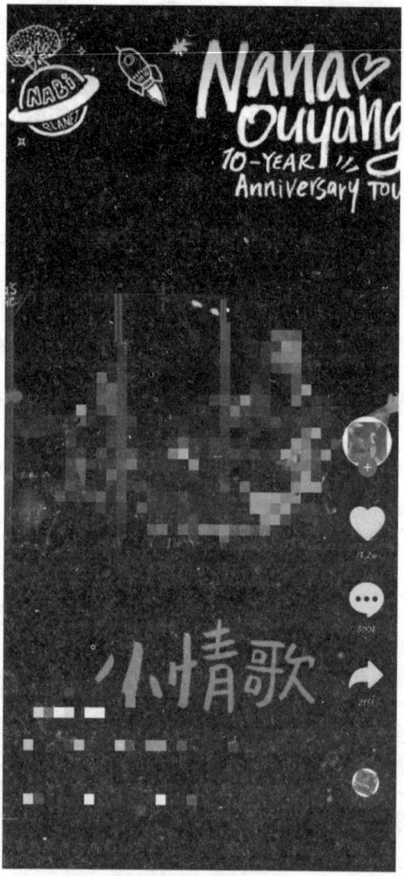

抖音明星的"表演力"

在这里，我们不提唱歌跳舞这些普通的表演，如果不是对嗓音和舞蹈十分有自信，我是不建议新人IP走这条赛道的。我们来说一些不一样的表演，比如甩饼，这种民间艺术质朴、接地气，不少观众都想要一窥究竟，并且为之点赞。

如果想来一些高级的表演，使用搞笑手法，一边表演魔术，一边揭穿魔术也是一种表现形式。除了这些外，还可以使用"花样教学"。比如有位抖音网红，会给每个单词都编一个场景或故事，顺便聊一下各个地区的英语口音等，十分引人注目。

搞笑段子是最讨喜的，但也是最不好表现的。如果自己放不开讲段子，可以组成一个团队，编一些情景短喜剧，或者做一些异样风格的生活视频等，都是不错的表演形式。

有人说，我没有段子，也没有团队，也没有技能。那怎么办？也有办法，那就是耍贫、卖萌等。这些词并不是贬义词，反而是网红表现中的有效措施。

如果不想走搞笑赛道，也可以表演一些其他方面的才艺。比如夫妻档可以秀恩爱，秀恩爱又可以分成“撒狗粮宠溺类”“霸道总裁类”“相爱相杀类”等等。

一些家有萌娃的IP，还可以晒宝宝的呆萌可爱或让宝宝表演才艺，以此来增加点赞量。

如果IP本身就是帅哥美女，那就更简单了。帅哥美女不需要任何表演，只需要对着镜头表现自己，或微笑或化妆或换装即可。

当然，如果想成为超级大IP，那上面的路子就行不通了，你得学会走点“野路子”，来制造自己独特的点。

戏精牡丹、辣目洋子和嗯呐朱莉等，都是新生代的搞笑网红实力代表人物，他们在表演方面更加夸张，有时还会恶搞。而且，现代搞笑博主的视频都比较精致，且有很强的娱乐性和独特性，实现了吸粉的目的。

还有一位值得一提的抖音网红，就是有“仙女下凡”之称的李子柒。李子柒在直播美食时，都是自己搬砖、自己砌墙、自己种田、自己劈柴。她总是穿一身汉服或民族风衣服，在乡间表演制作美食。看着如画的户外风光，聆听着鸡鸣犬吠，不由得想让人叹一句“采菊东篱下”的岁月静好。

这种表演很寡淡，却源远流长，比很多靠恶搞爆红又很快消失的网红更能吸引稳定的受众。而且为了一口面包，自己去搬砖砌墙做面包窑；为了喝一口鱼汤，冬季坐在雪地里钓鱼，这本身就是件超脱非凡的事。正是这种表演，才让网友纷纷评价李子柒是“展示你想象中世外桃源生活的田园牧歌小剧场”。

除了李子柒外，有“死亡么么哒”之称的“西塘小哥哥”，也是表演力爆表的野路子之一。他能把舞步跳得十分夸张，也十分鬼畜，也能凭借这一技能，游走在西塘的各个农家乐间，成为西塘农家乐的移动活体广告牌。

西塘小哥哥的标志，就是迈着小碎步，翘着兰花指，夸张地对你说一句，“讨厌，死鬼，小拳拳捶你胸胸哦，进来吃饭么么哒……”

这句“么么哒”由于夸张，也被网友们评为“绝杀死亡么么哒”。虽然西塘小哥哥给观众们带来了几十万暴击伤害，但人们还是愿意去看他的视频。不为别的，就为了看一遍他夸张的表演，然后感叹一句，“这小哥哥真奇葩”。

当然，其他表演力爆表的网红也有不少。比如有“顶级炫富”之称的Mini。Mini这个小姐姐确实不得了，她的脑洞很大，表演力也很强。她会将迪奥、卡地亚、保时捷、香奈儿、百达翡丽、LV等奢侈品标志，用一张纸和一支笔画下来，这种浮夸的表演也惊呆了众人，吸引大家纷纷前去观看。

在抖音里，IP们拼的就是表演，拼的就是创意。如果你的表演力不够，大家就会选择其他IP，因此，表演力确实是抖音IP们需要重点磨炼的内容。

3.3.5 治愈力

现代人过夏天，除了享受“空调、WiFi、西瓜”外，可能最重要的就是刷各类自媒体软件了。抖音从创办至今，已经成为不少人们生活中必不可少的东西。人们的生活，也随着自媒体平台的发展而日渐丰富起来。

在抖音上，每个人都可以展现自我，很多时候，一个普通人做的普通动作，都能让这个普通人从路人一跃成为网红，过上与以前截然不同的生活。

不过两年时间，抖音就成了年轻人手机上必备的App之一。因为这个平台给大众提供了太多机会，也提供了太多内容。抖音成功制造的网红中，有一些人的粉丝数量甚至碾压了二三线小明星。

这些网红有的是靠唱歌跳舞，有的是靠独特本领，但还有些网红，他们什么都不做，只是在那里坐着，就会吸引来万千粉丝。为什么？因为他们都有一个共同的特点——治愈。

治愈力是很多网红的共同点，他们或温柔，或高冷，或有才华，这些特征会给不同的受众带去不同的治愈效果。

比如在抖音上很火的摩登兄弟，他们原本是唱歌赛道上的小IP，但因为“打败了原唱”，也在酷狗音乐的歌手热度排名榜上打败一众专业歌手，登上季军宝座，排名仅次于天王级歌手周杰伦和薛之谦，让路人粉们大呼摩登兄弟“一夜爆红”。

但摩登兄弟强大的粉丝团们却说，“哪有这么多的一夜成名，不过是百炼成钢而已”。对他们来说，摩登兄弟努力唱歌并获得结果的过程，本身就是一种治愈的过程。他们的认真、努力、亲切、草根，这些标签都成为治愈粉丝的一个个点，让观众愿意成为他们的铁杆忠粉。

莉哥也是位治愈力很强的IP，她曾经在抖音上发布了一首歌曲，“让我做你的眼睛”。独特的沙哑嗓音为歌曲注入了灵魂，让网友关注起这个嗓音有故事的小女生。粉丝们从她的歌声里获得了治愈，其粉丝数和点赞数也因而呈现爆发式的增长。

M哥也跟莉哥一样，不仅拥有高颜值，而且唱歌功力非常强。她的长相甜美，翻唱的《我的将军啊》也大受观众们欢迎。在唱歌时，M哥有意无意地露出甜美的笑容，也让广大网友大呼“治愈了”“恋爱了”。

说到甜美笑容，又怎么能忽略掉代古拉K。代古拉K跳的甩臀舞技术含量很低，也很容易被模仿，为什么代古拉K火了，别人没火？就是因为她的笑容很有感染力，让人一看就有被治愈的感觉，印象颇为深刻。

彭十六也是治愈力满分的抖音IP，她的颜值很高，而且很有辨识度。右脸颊的泪痣和两颗虎牙都成为彭十六治愈力的助推器。她既能展现古典美，又能引领时尚潮流，可以说是粉丝心中的宝藏女孩了。

彭十六之所以在抖音上大受欢迎，就是因为她的言行举止都透露着一种邻家姑娘的俏皮可爱，在一大票传统性感网红中，彭十六成了为数不多的治愈系网红。而治愈系网红的特点就是能长期吸粉，不必担心“过气”。在这一点上，彭十六很好地把握了粉丝心理。

前一阵，抖音火了一位ID名为“你的小甜甜”的女孩，而让她一夜火爆全网的主要原因是她接受了成都街拍的媒体采访。在采访中，主持人问小甜甜，“你感觉男人一个月多少工资可以养活你？”小甜甜很直白地回答，“能带我吃饭就好。”正是这一句话，让广大男性受众纷纷激动不已。众人都表示自己被治愈了，并且要去成都偶遇小甜甜，请她一起吃顿饭。

不少男生在网上晒出去成都的火车票、飞机票，有人说，“不管谁有幸得到这个女孩，必须要好好对她，她的背后有200万抖音男士罩着”；有人说，“她不仅仅是颗糖，还是男生们梦寐以求的女神”；还有人说，“在这个物欲横流的社会里，小甜甜让无数小青年懂得，原来20万元彩礼，130平方米房子，进口车都是浮云”。

虽然小甜甜爆红了，但一些女生和稍微理性一点的受众都很不理解，甚至对她的爆红嗤之以鼻。凭这一句话就火了？当然，小甜甜背后也有公司，让她爆红的也不仅仅是那一句“带我吃饭”。让她与众网红区分开的，正是她强大的治愈力，让男性受众们愿意为治愈力掏腰包。

抖音盛产网红，但大部分网红都像周杰伦在《龙卷风》里唱的那样，“来得快，去得也快”。在不少网红销声匿迹后，依然有一批网红屹立不倒，其中不少就是因为她们的治愈力。

就比如李子柒，她颜值高，技术力和表演力也是深不见底，仿佛这个世界上没有她不会的东西，这个世界也跟她没有关系。因此，她总能给人们带来惊喜，让人耳目一新。也正因如此，有治愈力的她火了这么久，能让每期的视频都霸占着精品与热搜。

第 4 章

FOUR

深度吸粉，引爆 IP

4.1 掌握玩法，巧妙吸粉

4.1.1 几种典型的内容玩法

“自古真情留不住，总是套路得人心”，这句似是而非的玩笑话道出了抖音吸粉的一个经典玩法——套路。

在抖音平台上“玩套路”，并不是一件不光彩的事，很多时候，在视频内容中使用一些小套路能够更好地吸引粉丝的注意力。

在抖音上“玩套路”是为了让视频内容更精彩、更有趣，同时也是一种向粉丝展现运营者独特思想的方法。当前，抖音平台上已经出现了几种典型的“套路”，从现在来看，这些“套路”对于“吸粉”还是非常有效的，所以新手运营者可以尝试应用这些套路来“吸粉”。

1. 剧情新编

剧情新编这一套路非常适合新手抖音运营者，以及那些原创能力不太强的运营者。它不需要过高的原创能力，但同时又能让运营者创作的视频具有一定原创性。

剧情新编立足于原剧情之上，这样就省去了凭空构建剧情的步骤。运营者可以根据原剧情来进行改编创造，可以比原剧情演得更加夸张，也可以改编出与原剧情不同的结果，在原剧情中加入搞笑元素也是一个不错的方法。总的来说，有原剧情作为支撑，运营者需要在内容方面下的功夫要少很多。

很多时候，剧情新编这一套路能够展现出比原创内容更为强大的传播效果。一些运营者将传统的电视剧桥段进行剧情新编，有的是将剧情换了一种风格，有的则是直接把剧情反转，呈现出了一种与原剧情截然不同的效果。

经典的电视剧拥有坚实的群众基础，其中的经典桥段更是深受群众喜爱。新编这些剧情桥段，本身就会拥有不低的群众基础，如果新编的剧情获得受众认可，其影响便会迅速传播出去。

剧情新编还可以立足于具体人物来进行，以大热的《如懿传》《延禧攻略》来看，两部描写同一时期历史故事的电视剧，立足的角度却完全不同。再往前追溯，《还珠格格》所描写的也是这段时期的故事。三个故事立足的人物不同，其情节内容也就都大不相同了。

剧情新编作为一种简单有效的创作思路，具有独特思想的运营者可以更好地将其运用。作为一种创作内容，剧情新编虽然可以立足于原有剧情，省去一些创作环节，但在具体的剧情架构上，要有一些新意，这对创作团队的要

求还是比较高的。但如果运营者能够成功创作一两部剧情新编视频，并获得了粉丝支持，就能继续延续这种创作套路，实现持续涨粉。

2. 角色扮演

虽然同样是一种内容创作套路，角色扮演与剧情新编的区别还是较为明显的。虽然都需要在剧情方面下功夫，但角色扮演所投入的剧情创作功夫，显然要比剧情新编多很多。一旦角色扮演这种“套路”获得了粉丝的认可，那运营者就很容易形成个人IP，持续不断地吸引粉丝关注，在商业变现上也会更加轻松。

角色扮演对于剧情内容的类型依赖很大，不同类型的视频内容，角色扮演所需要掌握的要点也有所不同。一般来说，角色扮演类剧情有走心类内容、搞笑类内容、反转类内容和说理类内容等几种不同类型。

走心类内容中的角色扮演一定要真实，不必刻意营造煽情的氛围，只要在平淡真实中自然流露情感即可。想要表现最为真实的内容，运营者可以选取自己亲身经历的，或者是身边人所经历的事情，依此来架构剧情内容，才能够更好地完成角色扮演工作。

搞笑类内容中的角色扮演，搞笑是基本工作，但不能为了搞笑而搞笑。这样很容易让粉丝感到尴尬和无聊，搞笑类剧情需要注意笑点的设置，不能毫无计划，只有按照流程来引爆笑点，才能持续让粉丝发笑。

反转类内容中的角色扮演，一定要自然，剧情展开和人物表现都需要顺其自然，要平铺直叙地展开内容，不要让转折发生得太突兀。生硬转折或过度表现都会导致反转类内容角色扮演的失败。

3. 撩人与反梗

抖音平台上的撩人套路应该是屡见不鲜的，那些关注漂亮“小哥哥”“小姐姐”的粉丝们，每天都会被撩的不知所以。

情话撩人是最为普遍的一种撩人套路，“土味情话”则是这种套路的巅峰之作。常见的“土味情话”有“你知道你和星星有什么区别吗？星星在天上，你在我心里”“我是九，你是三，除了你还是你。”“你累不累啊？不累啊，可是你都在我脑子里跑了一整天了。”

这些“土味情话”可以说是“腻死人不偿命”，一些运营者会将这些撩人套路加入到自己的抖音内容中。也有一些运营者会专门针对某些“土味情话”来设计视频内容。当然，也有运营者选择自己去创作抖音的撩人套路。

反梗是相对于“梗”来说的，针对某些流行的“梗”，运营者往往运用反套路、反流行的方式来创作内容。这属于一种剑走偏锋的套路方法，能否取得好的效果完全取决于运营者的“反梗”是否玩得好。

相比于前面两种“吸粉”套路，撩人与反梗的套路在应用效果上并不容易保证，可能有的粉丝能接受被撩与反梗，但有些粉丝就会非常抵触这些内容。因此，在具体应用这种套路时，运营者还需要根据自己的粉丝群体特征进行充分考量。

究竟运营者的套路能不能收获粉丝的心，起重要作用的并不只是套路是否有效。很多时候，运营者的套路是好套路，但粉丝却不买账，这种情况也是无法吸引到粉丝的。所以，在应用套路时，运营者需要充分权衡各方面因素，除了套路是否优秀，还需要考虑粉丝群体特征、社会环境背景、内容传播范围等问题。

4.1.2 利用热点，冲上热门

在传播学中有一种重要的理论——议程设置理论。在20世纪70年代，美国的传播学家认为，在公众对社会公共事务中重要问题的认识和判断与传播媒介的报道活动之间，存在着一种高度对应的关系。简单来说，就是传播媒介将某一问题作为“大事”来报道，这一问题也会作为“大事”反映在公众的意识之中。

如果传播媒介对某一个问题或事件强调得越多，公众对这类问题和事件的关注也就越多。大众传播媒介不容易改变人们对某件事情的看法，但却可以引导人们去关注或是思考某件事情。

在抖音平台上，经常会遇到这样一种情况：同样一件事情，在抖音上可以找到好几种版本的视频内容。这些内容都来自于不同的账号，都是从不同的角度去展现这件事情的。这种现象在抖音平台上更为具体的表现就是运营者对于热点事件的追逐。

利用热点事件去做内容运营，能够大大提高运营的效率和效果，这一点在前面已经有过详细的论述。在这里，我们主要讲述一下如何去发现热点事件，并将其运用到抖音视频内容之中。

决定热点事件价值的重要因素就是时效性，第一手资料的价值往往是最高的。如果其他运营者先发现了热点事件，就会抢占运营先机。从具体的运营实例来看，在抖音平台上利用热点事件成功“吸粉”的，主要是最初发现热点事件的部分运营者。

当前，大众获取热点信息的途径有很多，运营者可以关注的方面也比较多。

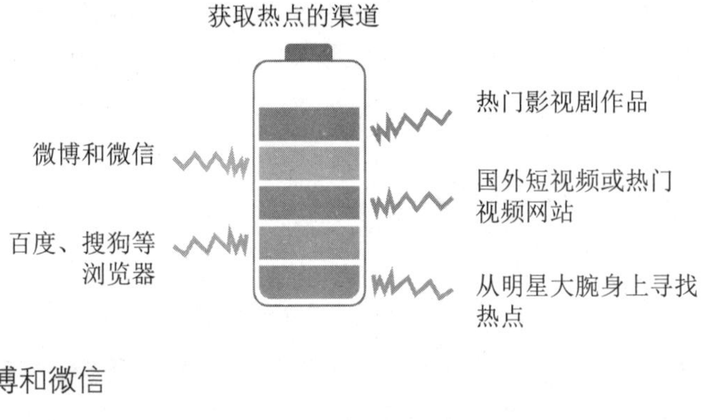

1. 微博和微信

微博和微信可以算得上是热点内容的集散地，微博热搜基本承包了每天的热门事件，微信朋友圈和微信看点也有不断更新的热门事件。

大多数抖音运营者在做运营时，都会“两微一抖”结合来做，他们既做抖音运营，同时也在运营着微博和微信公众号。这样不仅能够更好更全面地掌握热门事件，同时也能在各个平台账号间共享内容，更为重要的是可以进行多平台引流。运营多个新媒体账号是多平台引流的必要条件。

一些运营者在微博或微信上发现比较热门的视频内容后，会将其发到抖音平台上。有的运营者会在原有视频内容中加入自己的创新设计，以一种更为新颖的方式呈现出来。微博和微信作为获取热门信息的重要窗口，是抖音运营者必须要关注的新媒体平台。

2. 百度、搜狗等浏览器

搜索引擎也是一个获取热点信息的重要渠道，百度搜索热点每天都会持续更新，根据事件的热度进行排列。运营者可以选择热度高，与自己视频内容切合的热点事件来做运营。

3. 热门电影或电视剧

热门电影或电视剧中，经常会出现一些热点话题，这些热点话题很容易传播，受众范围也比较广。运营者可以多关注热门电影和电视剧，借助其中的热门话题来做抖音内容。

在应用这些热门话题来做抖音内容时，运营者可以针对话题发表自己的观点，但最好不要违背大众认知，否则很容易造成负面影响。

4. 国外短视频或热门视频网站

抖音平台上的一些热门舞蹈有些是从国外视频网站中传播而来的，关注国外视频网站的运营者，在发现某些视频内容在国外引发广泛关注后，便将其搬运到抖音平台上。有时候，这些视频内容自带热度，会在抖音平台上引起广泛关注。但也存在视频内容因为“水土不服”而无法引起国内粉丝共鸣的情况。

在搬运国外视频内容时，运营者首先要做好水印处理工作，利用一些第三方工具都可以轻松去掉水印。在搬运视频内容过程中，运营者要加入一些自己原创的内容，即使是国外视频网站的内容，也会出现重复的现象，毕竟并不只有一个运营者在做搬运。所以，在视频内容中加入一些自己的内容，不仅可以避免侵权，也会更容易与其他运营者的内容区别开。

5. 从明星大腕身上找热点

在抖音平台上，有一些运营者专门发布明星们的日常，很多时候，其内容更新频率要比明星本身还高。这种运营者主要针对明星粉丝做运营，受众群体更集中，所需要寻找的热点也聚焦在明星身上。所以从各种渠道挖掘明星的热门新闻消息，成了他们获取热点信息的主要手段。

对于粉丝来说，明星的一举一动都是热点信息，因此运营者只需要紧盯明星的一举一动就可以了。在视频内容上，可以选择跟拍或偶遇的方式，也可以在其他网站搬运，在搬运时一定要加入自己的内容创作，可以使用特效、剪辑等方式来规避抄袭嫌疑。

相比于按部就班地进行内容原创，利用热点事件来做内容更容易被推荐为热门视频。当然，视频内容的质量还是首要的，想要做出热门视频，运营者还要多在内容创意上下功夫。

4.1.3 直击人性，深度吸粉

运营者在做抖音“吸粉”时，需要明确一个重要问题，那就是自己认为优质的内容，如果粉丝不满意，此前的一切努力也就毫无意义。因此，运营者需要把内容做到粉丝的心中，或者说抓住粉丝的需求去做内容，才能更好地完成抖音“吸粉”工作。

每个人的身上都有许多特性，正如性格一样，这些特性都是很难改变的。运营者在做内容前需要先去研究目标粉丝群体的特征，找到自己目标粉丝群体身上的各种特性。然后再针对这些特性“对症下药”，才能达到“深度吸粉”的效果。

不同的用户群体的特征是不一样的，在做粉丝运营时，区分特征很重要。但有些时候，一些共性的方法往往能够帮助运营者完成基础的粉丝积累过程。这里要讲的就是通过发放福利来进行“深度吸粉”。

逐利性是人类的一个普遍特性，这种特性在不同人身上的表现会有所不同，但对于获得福利这件事，大多数人还是欣然接受的。

微博和微信运营的运营者更擅长运用发放福利的方式来积累粉丝。一些有自己店铺的微博博主，为了增加粉丝量和交易量，经常会不定时发放福利。常见的福利发放形式包括点赞抽奖、关注享受折扣等，这些都是微博上主流的福利营销手段。

微信平台上的微商更是精通福利发放之道，许多微商都会选择用发放福利的方式来吸粉引流，其目的就是为了让更多人关注自己。只要形成一定规模的用户关注，微商们就可以通过后续福利活动升级的方式，让基础粉丝去吸引更多粉丝，进一步扩大粉丝规模。

在抖音平台上，也可以应用福利发放的方式来吸引粉丝关注，从成本角度来看，这种方式算得上是一种成本较低的“吸粉”方式。

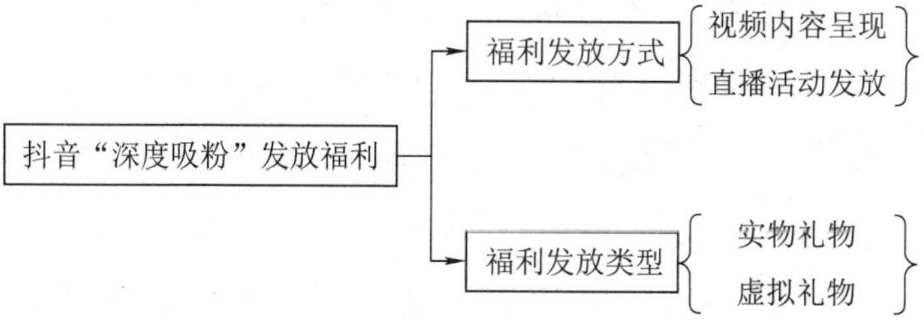

抖音平台上发放福利的方式主要有以下几种。

1. 视频内容呈现

一些抖音运营者会选择为粉丝录制短视频，不仅在视频内容中予以体现，在视频内容文案上也有体现。还有一些运营者别出心裁地拍摄了自己为粉丝购买圣诞礼物的视频，在视频中运营者不仅展示了各种各样的礼物，同时还向粉丝预告要准时参与活动获取礼物，可以说做了一个很机智的活动宣传。

2. 直播活动发放

一些具备直播权限的运营者会选择用直播的形式为粉丝发放礼物，在直播过程中，运营者可以跟粉丝讨论活动形式、讨论礼物类型，这一过程充分拉近了粉丝与运营者间的距离。对于运营者来说，送出的礼物虽然花费了成本，但自己所获得的价值要远远高于这一成本。

抖音运营者在福利选择上，也有一些需要考量的地方。很多时候，选对礼物要比送出礼物更为重要。

抖音平台上运营者所发放的福利主要有两种类型。

（1）实物礼物

这是较为常见的福利类型，一些运营者会不定期从自己的粉丝中抽取“幸运粉丝”，免费赠送一些礼物。当然，这些免费礼物在运营者看来，也并不仅仅代表着自己对粉丝的“爱”。

送给粉丝实物礼物的运营者大多有自己的小店铺，主要是一些卖服装或美妆产品的运营者。她们在选择送给粉丝的礼物时，自然会挑选自己店铺中的服装和美妆产品。此时，这些免费的礼物就变成了一张张“名片”。

粉丝在获得免费产品时，本就已经心情愉悦了，这时如果衣服正好合身，或者美妆产品正好发挥了效果，那这些粉丝便很有可能转化成为产品的忠实用户，同时还可能会不遗余力地为产品去做免费宣传。

还有一些运营者会赠送粉丝商品优惠券和打折券，当然，这些商品是运营者店铺中陈列的。相比于直接把产品送给粉丝，这种送优惠券的方式成本更少，相对来说，转化效果则会弱一些。

（2）虚拟礼物

除了实物礼物做福利外，有的运营者还会将虚拟礼物作为福利送给粉丝。一些视频平台的VIP会员、专卖店的会员卡、减肥教程、护肤方法等都可以作为虚拟礼物。当然还有上面提到的为粉丝录制祝福视频也是一种虚拟福利。

发放福利来“吸粉”最大的价值在于运营初期积累基础粉丝，在拥有一定粉丝之后，运营者想要更好地与粉丝互动，也可以选择发放福利的方式来进行。

当然，虽然大多数人的身上具有逐利性特征，却并不意味着这种发放福利的方法能够持续对目标粉丝群体起作用。抖音运营的关键最终还要回到视频内容本身，发放福利只是一种辅助的“吸粉”手段。

4.1.4 直播互动，引起关注

在抖音直播功能还没有推出之前，运营者与粉丝之间的互动还只局限在内容文案、评论区以及私信上。在直播功能推出之后，直播过程中的沟通成了运营者与粉丝互动的最主要方式。

相比于评论和私信互动，直播过程中的互动更为直接，也最为有效。当粉丝数量达到一定标准后，大多数运营者都会选择开通直播功能，这是因为直播的直观性更强，内容传递也更及时，屏幕前双方的距离感会被弱化。

一些运营者在开通直播后，粉丝数量会明显上涨，很大原因也是因为运营者在开通直播后与粉丝互动明显增强，吸引了粉丝关注。

虽然抖音并不是专门做直播的平台，在具体的直播功能上，也存在一些需要补足完善的地方，但抖音直播功能的开放，在很大程度上弥补了短视频内容上的缺憾，增加了运营者与粉丝互动的机会，更为运营者实现商业变现提供了条件。

与其他平台直播互动一样，在抖音平台上做直播，若想与粉丝形成良好互动，必须要讲求一定的技巧。

在直播过程中，粉丝会询问抖音主播一系列问题，对于粉丝提出的问题，抖音主播在能够回答的情况下最好都要一一解答。当然，这并不是说主播对于粉丝提出的什么问题都要回答，如果遇到那些刁钻或没有准确答案的问题，主播可以选择转移话题略过这些问题。回答好粉丝的问题，对于主播的情商和临场应变能力有很高的要求。

除了回答粉丝问题，调节直播间的互动氛围也是抖音主播必须要做好的一个工作。在观看抖音直播时，我们会发现有的直播间里面主播越聊，进来的粉丝就越多，对于粉丝的问题，主播也是对答如流，直播间的气氛非常活跃。而有的直播间里面，主播自己聊得非常尽兴，参与互动的粉丝却寥寥无几，这种直播间的氛围是非常尴尬的。

之所以会出现上述两种截然不同的直播氛围，主要原因就出在抖音主播的直播技巧上。这里的直播技巧并不是说一个人会不会聊天、会不会讲故事，而是说这个人知不知道在什么时间讲什么故事。很多能说会道的抖音主播也会把直播间的气氛搞得非常尴尬，这个问题就是因为他没有正确使用沟通技巧。而那些并不善言谈的运营者，掌握一些沟通要点，运用一些直播技巧，也能成为直播间里的沟通达人。

为了做好直播互动，吸引粉丝关注，运营者可以从直播前、直播中和直播后三个方面进行努力。

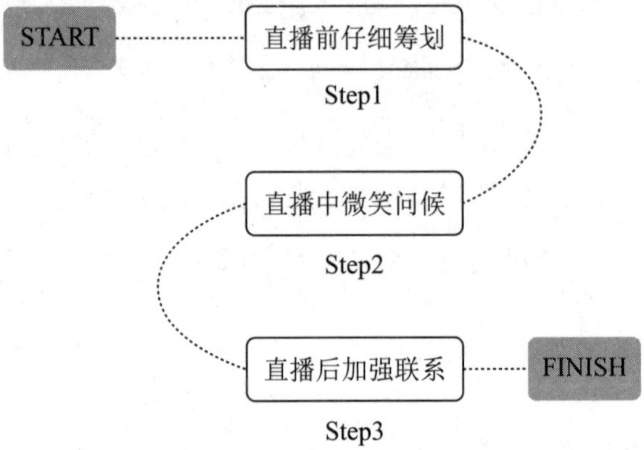

1. 直播前仔细筹划

运营者想要活跃直播间的气氛，首先需要保证直播间里有足够多的粉丝，如果只有一两个人观看直播的话，主播就是说得再天花乱坠，也很难起到“吸粉涨粉”的效果。因此，在直播开始之前，运营者就需要用自己的抖音账号进行宣传，告知粉丝自己几点会开直播，可以为粉丝准备一些类似直播抽奖的活动，这样能够更好地吸引粉丝准时关注直播。

在做好直播宣传工作后，运营者还需要仔细对直播内容进行筹划，最好能够做出大致的内容流程图。有些运营者认为抖音直播就是打开直播与粉丝“聊聊聊”，但实际上，大多数抖音主播都会在直播前做足功课，这就好像老师在上课前要备课，演员在上台前要彩排一样。

当然，运营者也不必完全细究直播过程中的详细内容。由于直播中会与粉丝产生较多互动，一些时候，某一话题与粉丝互动较多时，运营者可以把这一话题延展开来，而不必再按照自己设计好的“剧本”去进行互动。能够通过粉丝提出的话题把直播氛围炒热，要比主播设计话题活跃气氛好得多。

2. 直播中多微笑问候

直播中与粉丝的互动除了回应问题外，主播还需要及时在粉丝入场和刷礼物时表达感谢。这种微笑的细节在直播时的效果是非常显著的，除了千篇一律的“欢迎”和“谢谢”，主播可以构思一些自己独特的感谢和问候方式。对于忠实粉丝，最好有针对性地感谢，不要所有人都使用一套问候说辞。在这一方面，注意把握好粉丝心理。

除了微笑问候外，在直播过程中多讲一些幽默笑话和段子，这对于活跃直播间的气氛是很有帮助的。尤其是那些没有太多个人才艺，只依靠与粉丝聊天的主播，常备一些化解尴尬的段子是很有必要的。

3. 直播后加强联系

在直播行将结束时，主播还需要提醒粉丝下次直播的时间，也可以提前布置一个下次直播需要讨论的话题，这样粉丝在下次观看直播时也能够“有备而来”，增加互动效果。

此外，在直播快结束时，主播还可以邀请粉丝加入自己的微信或QQ群组。这样即使在不直播时，也能够与粉丝随时联系，加强彼此间的情感。

抖音直播作为短视频内容的一个补充，其在“吸粉涨粉”方面的作用是显而易见的。运营者只要做好直播互动，就能慢慢累积起自己的忠实粉丝。拥有第一批忠实粉丝后，后续的引流涨粉工作就会省力很多。

4.1.5 选准时机，发布内容

帮助抖音账号“吸粉”的方法有很多，这些方法涉及抖音运营的各个方面。除了这些颇为常见的运营方法外，抖音视频内容发布时间的选择也存在着一定的玄机。有些时候，视频内容没有被热门推荐，并不是因为其本身质量存在问题，而仅仅是因为没有选好一个恰当的发布时机。

4.1.5.1 粉丝刷抖音视频的时间段

对于抖音视频内容的发布时机，一些专业的数据评测机构曾做过统计。通过对不同时间段抖音视频的点赞量和观看量进行分析可以发现，在13:00和18:00这个时间段是点赞的高峰期。

在这两个时间段的基础上，研究机构发现，12:30到13:30，20:00到23:00这两段时间则是观看抖音视频的高峰期。

一般来说，在一天之中，粉丝们刷抖音视频的时间段主要有四个。

1.7:00 到 9:00

这段时间是大多数人起床、吃早饭和赶去上班的时间。一些早起的人发现时间还早，便会刷一刷抖音；一些人则在吃早饭的间隙刷一刷抖音；还有的人会选择在乘地铁、坐公交时刷抖音。抖音短视频成功占据了人们的零碎时间。

2.12:00 到 14:00

这段时间大多数人中午休息。在午休之后，利用空档时间，大多数人也会刷一刷抖音，看看自己喜欢的视频。

3.17:00 到 19:00

这段时间大多数人即将下班或正在回家的路上，利用闲散时间，人们会选择刷一刷抖音。在下班回家的地铁和公交上，更是有许多人通过观看抖音短视频来消磨时间。

4.20:00 之后

这段时间属于一天中的黄金时间，大多数人吃完了晚饭，做完了家务，迎来了一天最放松的时间。抖音爱好者们大多会集中在这一时间段观看当天的热门抖音视频。

在工作日，上面四个时间段是用户刷抖音的主要时间。在周末或假期期间，上面的时间划分就不一定有效了。由于每个人对假期活动的安排不同，大多数人刷抖音的时间也会各有不同。人们会根据自己的意愿，想什么时候玩抖音就什么时候玩抖音。

在抖音视频内容发布时机的选择上，上面提到的大众用户刷抖音的时间段只能作为一个参考。不能说只要在这些时间段内发布视频内容，就能够获得大多数用户的关注。对于具体的视频发布时机，不同的运营者需要根据自身具体情况来确定。

首先，运营者可以多关注同领域中的抖音大号，看看这些大号都是选择在什么时间段内发布视频内容。

抖音大号之所以能够火起来，除了内容运营做得好，发布时间的选择也是个不可忽视的因素。之所以要关注同领域大号内容发布的时间，一是可以将其作为自己内容发布时间选择的一个参考，二是合理避开同类内容发布的高峰，减少竞争压力。更何况与同领域大号竞争，并不是一件容易的事情。

其次，运营者需要根据自己的内容特征来确定具体的视频发布时间。不同的视频内容所面对的目标受众群体是不同的，运营者需要找到自己的目标受众群体观看视频的时间，据此来选择发布时间。

比如，运营者的视频内容是睡前小故事，根据这一内容特征，就需要选择晚上的时间发布内容，而不能选择在早上或中午发布。如果运营者要发布的是日常健身的内容，就要顺应目标受众群体的作息时间，在其健身之前将视频内容发布出去，但最好不要选择在工作时间发布。

最后，如果遇到了热点事件，运营者就不需要再去纠结内容发布时间的问题了。热点内容最为重要的一点就是时效性，越早发布内容，越能够抢占先机。在其他运营者还没有着手做热点内容时，发布自己创作的热点内容，这样能够最大化提升传播效果。当然，在发布热点内容时，一定要保证内容的正确性和价值观导向问题。

4.1.5.2 常见的视频内容发布套路

综合分析当前抖音平台上视频内容的发布时间，可以总结出几种常见的视频内容发布套路。

1. 定时发布

一些抖音运营者会选择在每天固定的时间发布视频内容。一般来说，具体的发布时间会在账号简介和账号主页上标明。这类账号就像新闻联播一样，每天会在固定时间更新内容，不会过分追求热点，这种定时发布的方式能够保证内容的延续性，也体现出运营者负责任的态度。

2. 随机发布

与定时发布不同，有些运营者

在发布内容时并不会考虑具体时间，尤其是那些抖音头部达人，有些甚至会选择在半夜发布视频内容。这种随机发布的方式并不推荐大多数运营者使用，在"吸粉"效果上也有待商榷。由于那些抖音头部达人粉丝基数较大，视频内容质量很高，所以随机发布的方式才会最小化负面影响。对于粉丝基础并不深厚的运营者，最好不要随机发布视频内容。

3. 热点发布

追随热点事件发布视频内容，与随机发布很像，但又有一定的区别。追随热点发布并不完全随机，每一种热点都有固定的持续时间，并且这个持续时间并不会太长。所以追随热点发布的时间选择大多是热点事件刚刚爆发时，而不是这一热点已经持续了一段时间之后。

4. 错峰发布

一些运营者会故意错开大众用户刷抖音的高峰时段，也就是中午12:00到13:30，以及晚上20:00到23:00这段时间。为了让自己的视频内容更可能被推荐上热门，很多运营者会选择在这些时间段之前发布视频内容，其中下午17:00到20:00这段时间会成为错峰发布的高发时间。

当然，由于大多数账号都选择在这一时间段内发布内容，导致内容过度堆积，便会在无形中降低上热门的概率。运营者也需要考虑好这一方面的问题，不能盲目采用错峰发布的方法。对此，运营者可以采取试验的方法比对错峰发布和定时发布的效果，然后选择更适合自己的内容发布时间。

作为抖音"吸粉"的一个小细节，视频内容发布时机的选择在一定程度上也影响着视频的传播度。无论运营者选择哪个时间段发布视频内容，都需要形成一定的规范，不能"三天打鱼两天晒网"。

4.2 增加曝光，辐射吸粉

4.2.1 巧借他人热点

在众多“吸粉”方法中，依靠蹭热度来提升用户流量，是一种非常有效的“吸粉”方法。蹭热度就是利用热点事件的受众关注度来为自己引流，热度蹭得好能够迅速积累粉丝，蹭得不好则可能会“烫伤”自己。

在抖音平台上蹭热度的方式并不少，比较常见的有参与热门挑战、在热门评论区发言以及借助社会热点话题等。

1. 参与热门挑战

积极参与抖音官方的热门挑战，可以帮助运营者推广自己的抖音账号。很多运营者都会选择一个挑战进行内容拍摄，并且在发布内容时，会在内容文案上添加相关挑战的关键词，这样能够增加被推荐上热门的机会。

为了能够尽可能提高上热门的机会，在选择挑战赛内容时，最好选择当

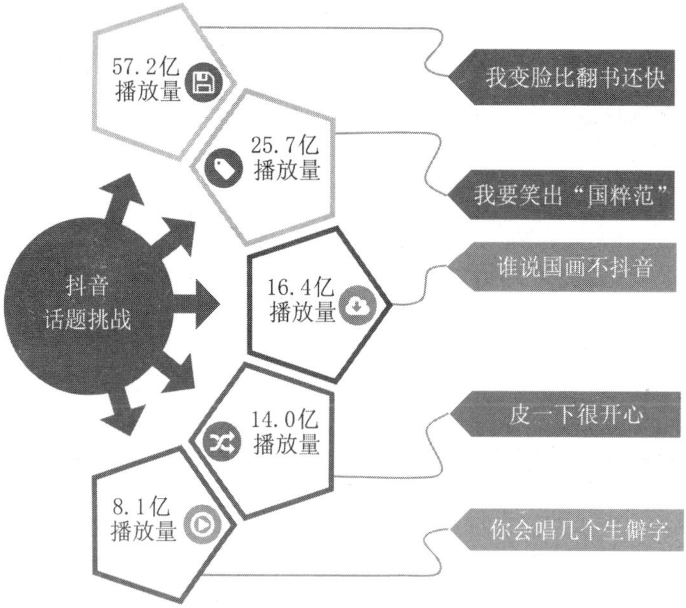

前最火最热门的官方挑战赛。随后再根据挑战赛的标签来设计具体的视频内容。一般来说，比较容易火的挑战赛都会有一些共性特征。

首先，技术性比较强的视频内容比较容易上热门。这类视频内容主要是通过抖音滤镜贴纸来完成的，比如控雨术、变色视频等。在抖音滤镜贴纸流行之前，技术流视频在抖音平台上很受欢迎，粉丝们认为这些视频内容很酷炫，但自己又模仿不来，所以非常好奇。在抖音滤镜贴纸推出之后，这类技术流视频内容的热度也随之出现了下降。

其次，趣味性挑战也比较容易获得粉丝关注，从当前抖音挑战发展的趋势来看，这类挑战内容继续发展的空间很大，用户可发挥的空间也比较大。常见的挑战内容有“我们嫩着呢”“我的十八岁”“你的每个动作都是戏”。

“我们嫩着呢”的挑战内容主要是追忆童年趣事，成年人模仿小孩子追逐打闹、玩游戏，也可以模仿小孩子与家长斗智斗勇的场景。这种挑战既充满趣味，又能引发多数人的共鸣，很容易吸引粉丝关注。

“你的每个动作都是戏”的挑战内容则是让大家通过肢体动作来表现影

视作品中的台词，更多注重展现粉丝的表演天分。由于存在挑战评选的机制，运营者之前会相互竞争，越多人参与，精彩内容就越多，整个挑战赛在平台上的影响也就越大。

2. 在热门评论区发言

除了参与抖音挑战赛来增加曝光外，运营者还可以参与抖音热门视频评论来扩大自己的影响。在热门评论区，运营者可以通过积极发言，让更多粉丝注意到自己。在发表言论过程中，运营者最好拥有自己的一套说话技巧和风格，这样才更容易吸引到别人。

3. 借助社会热点话题

蹭热度的一个最主要方式就是借助社会热点话题，运营者可以根据社会时事热点来创作视频内容。但一定要注意，为了博取关注而毫无底线地消费社会热点的行为是会受到粉丝抵制的。

在我们的生活中，每天都会发生各种各样、稀奇古怪的事情。借助互联网，我们可以足不出户地了解这些热点事件。结合热点事件创造出的抖音视频，更容易获得用户关注，也更有可能被推荐为热门视频。

在借助社会热点话题时需要注意，并不是所有的热点内容都是适合“蹭”的。对于运营者来说，蹭了不适合的热点，不仅不会取得积极的曝光效果，还可能会获得相反的效果。至于热点内容是否“合适”的问题，运营者需要结合自身账号的属性来确定。

一般来说，只要是不涉及政治问题、敏感话题，并且与自己的内容领域相契合的热点都可以“蹭”。比如当出现了一个某明星宣布离婚的新闻，不同内容领域的运营者就可以从不同角度去“蹭”这样一个热点。

美妆内容的运营者可以用“女人要学会保养自己，既要拥有美丽，又要拥有魄力，转身也要保持优雅”这样的主题来做内容。情感类内容的运营者则可以用“女人要对自己的感情负责，爱的时候轰轰烈烈，不爱了也决不妥协”来做内容。

在“蹭热点”之前，运营者需要完成事件甄选工作，选择适合自己的热点去做内容。在完成内容创作后，运营者还需要在内容文案方面将热点信息融入其中，简单来说，就是在内容文案中做好关键词引导。

运营者需要先提炼出热点事件中的关键词，同时要确保这个关键词准确易懂。

在冯绍峰和赵丽颖公布婚讯时，“官宣”一词瞬间火热起来，在流量明星的加持之下，带有“官宣”字样的词条刷爆各种新媒体平台，甚至还导致微博短暂瘫痪。与此同时，许多抖音运营者在自己的内容文案中都加入了“官宣”这一关键词，完美地蹭了一波热度。

在内容文案的关键词选择上，运营者并不需要字斟句酌地考虑用词，只要保证关键词简单易懂就行，不要选择生僻字或模糊语义的词。当然，想要在众多竞争对手里脱颖而出，也需要在关键词提炼中融入一点个人创意。

“蹭热点”最后需要注意的一个问题就是不能原封不动地搬运热点，而要对热点内容进行二次加工。单纯搬运热点话题对于“吸粉”的意义并不大，运营者要想方设法在视频内容中表明自己的观点和立场，创作出属于自己的内容。

当然，对于一些比较有争议的热点话题，运营者要尽量客观地去判断。不要偏听偏信其他人的意见和观点，要在完全了解事实真相后，再给出自己的结论。

在对热点话题进行二次加工时，要在语言表达和措辞方面保持谨慎。一些热点事件中，受害一方本来身心已经受到伤害，如果运营者在自己的视频内容中措辞不当，不仅会使受害者受到二次伤害，还容易被抖音官方封禁内容，严重的还可能因此触犯相关法律。

这也是在二次加工热点话题中，最需要注意的问题。借助热点话题创作内容的目的是“吸粉”，但运营者不能因此就毫无底线地伤害别人。

“蹭热点吸粉”需要走心，更要用心，运营者需要保持清醒的头脑，不能盲目为了追求利益而去借助热点话题出风头。此前，“网红流浪大师事件”吸引了大多数运营者参与，但从具体效果来看，这些运营者与其说是在“蹭热点”，不如说是在“表演大戏”。

4.2.2 利用粉丝互动

关于粉丝互动的话题，在后面我们会专门用一章来介绍，在这里只是从增加账号内容曝光的角度，来谈一谈如何利用粉丝互动来实现曝光吸粉。

4.2.2.1 粉丝互动的作用

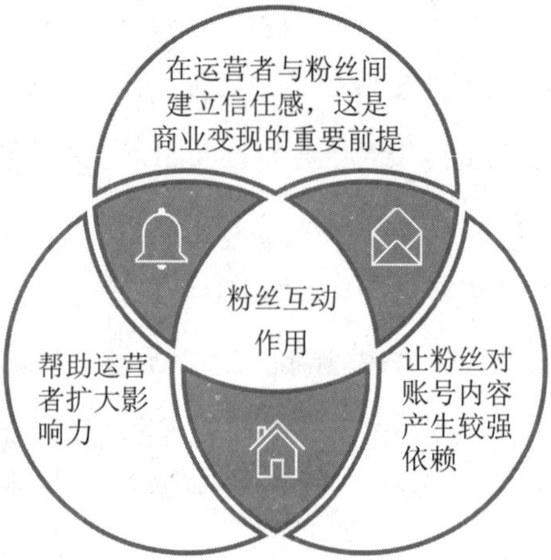

一些运营者不知道粉丝互动该从什么时候做起，是等到拥有一定基础粉丝后再做，还是在最初就策划一套粉丝互动模式，对此，不同的运营者持有不同的观点。

有的运营者认为，在做抖音运营之初就应该策划出粉丝互动的具体形式和方法，粉丝互动应该属于粉丝运营中的一个重要环节。但也有运营者认为，在还没有粉丝的情况下并不需要做过多的粉丝互动，只有粉丝积累到一定程度后，开展粉丝互动才有意义。

听上去这两种观点都有道理，但从那些抖音头部达人粉丝运营工作的开展来看，从发布第一个视频内容开始，运营者就需要着手开展粉丝互动了。对于运营者来说，粉丝互动开展的先后会影响到后续视频内容的发布以及整体运营策略的调整，更为具体的作用则主要表现在以下三个方面。

1. 在运营者和粉丝间建立信任感

抖音平台上的点赞方式很简单，只要双击屏幕就可以完成。运营者如果与粉丝互动良好，当粉丝第一眼看到运营者的视频内容时就会首先点赞，然后再去观看、转发。

通过长久互动，粉丝与运营者之间已经产生了很强的信任感，当看到运营者的视频内容时，粉丝会认为是有质量保证的，因此才会先点赞后转发。这也正是运营者需要与粉丝建立信任感的重要原因。

2. 让粉丝对账号内容产生较强依赖

这里提到的依赖，是说粉丝对运营者的账号内容具有一定的忠诚度和依赖感。很多时候，粉丝总量并不一定代表着运营者真的拥有这么多数量的粉丝，真正衡量账号价值的是运营者拥有多少忠实粉丝。忠实粉丝越多，账号价值越高，后期商业变现也就越容易。

长久而持续的粉丝互动能够显著增强粉丝对运营者账号内容的依赖感，那些抖音头部达人的粉丝每天都在期盼着达人们更新视频。拥有这样的粉丝关系，运营者还怎么会担心自己的视频内容无人关注呢？

3. 帮助运营者扩大影响力

良好的粉丝互动能够让粉丝们自觉帮助运营者进行宣传，有些时候这种宣传并不是刻意为之，但从效果上来看却是极好的。忠诚度较高的粉丝会主动向周围人推广运营者的视频内容，因为在他们心中，这些内容是有趣的、有意义的，或者是有价值的。这都是良好的粉丝互动“结出的果实”。

4.2.2.2 私信互动和评论互动

良好的粉丝互动是粉丝运营的关键，在抖音平台上，运营者可以在许多方面与粉丝展开互动。在前面的章节中我们提到过抖音直播过程中的互动，在这里，我们主要介绍一下抖音私信互动和评论互动。

1. 私信互动

抖音的私信功能可以拉近粉丝与运营者之间的距离，同时也为粉丝和运营者提供了一个展开沟通的渠道。粉丝在收到运营者回复的私信消息后，对运营者的好感度也会随之上升。很多时候，粉丝转化大多都是通过私信完成的。

视频内容做得好的运营者会经常收到粉丝的私信，尤其是那些课程类运营者，收到的私信问题根本解决不过来。即使面对这样的情况，运营者也不能无视这些私信问题，因为很可能通过一个真诚简短的回答，就能够获得一位忠实的粉丝。

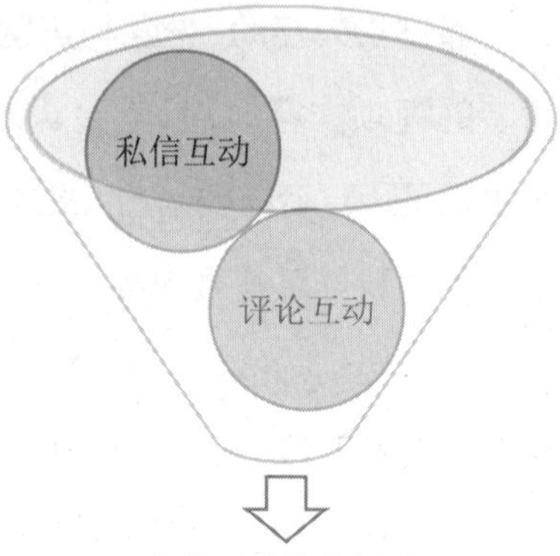

如果运营者经常无视粉丝的私信问题，也很容易出现粉丝取消关注的情况。所以即使私信问题再多，运营者也需要认真对待。一般来说，粉丝向运营者发私信，都具有一定的目的性和需求性，帮助粉丝解决迫切需求，很容易将普通粉丝转化为忠诚粉丝。

与抖音评论互动相比，私信间的交流是一对一的封闭式交流，更容易培养粉丝与运营者间的信任感。因此，私信互动也是粉丝互动中最为重要的一个方面。

2. 评论互动

相比于私信功能的封闭性，视频内容的评论区则是一个公开场所。在这里，运营者可以通过与粉丝互动来塑造良好的个人形象，展现出自己独特的人格魅力。

粉丝们在视频内容评论区进行评论，说明他们对视频内容还是很感兴趣的。当然，每个粉丝对于视频内容的看法不同，评论的内容也会有好有坏。针对不同的评论内容，运营者在回复时需要采取不同的策略。

对于正面评论，运营者需要积极回复，可以感谢粉丝的夸奖，询问粉丝的建议。通过这种互动方式，可以拉近彼此的距离，促进粉丝转化。

对于负面评论，如果是那些胡搅蛮缠、故意挑事的内容，运营者可以选择无视，或者表明自己的立场，尽量不要与其发生争执或骂战。如果是批评建议的内容，运营者可以选择虚心接受并感谢，或者是在虚心接受建议后，表达出自己的观点和想法。

抖音的评论区就像是一个小型的线上社区，每一个人都可以在这里发表自己的见解，有时候，粉丝还会在评论中探讨一些与视频无关的内容。在这个线上社区中，运营者作为其中一员，应该起到带头和领导的作用，积极参与到粉丝讨论中，这样才能建立起与粉丝间的信任感。

4.2.2.3 粉丝数量与点赞量、转发量

私信互动和评论互动都能提高粉丝的活跃度，拉近运营者与粉丝间的距离。在衡量粉丝互动效果的时候，运营者还需要关注粉丝数量与点赞量、转发量之间的比例关系。

有的运营者发布的视频内容获得了近百万的点赞，但实际上她的粉丝只有几十万人，这就说明剩下的几十万点赞用户没有转化成运营者的粉丝。而有的运营者发布的视频内容同样获得了百万点赞，而她的粉丝也增长了几百万人，这说明一些没有点赞的用户也转化成了运营者的粉丝。

下面我们从明星类账号、颜值类账号和故事类账号的粉丝数和点赞数来看一下这个问题。

明星类账号一般自带"吸粉"能力，粉丝转化率也非常高，即使一些用户并没有点赞明星视频，也会成为其粉丝。但当粉丝数量达到一定程度时，点赞量也会基本保持稳定。

颜值类账号的"吸粉"能力稍逊于明星类账号，相对来说，这类视频更容易得到点赞，但并不是所有点赞用户都会关注颜值类运营者。

故事类账号的视频内容往往具有延续性，这些视频内容如果质量较好，很容易获得点赞。而且大多数点赞的用户都会转化成为运营者的粉丝，因为他们想要继续观看接下来的故事内容。

故事类账号虽然容易获得粉丝点赞和粉丝转化，但对剧情内容要求比较高，由于粉丝需求是多种多样的，有的粉丝喜欢快节奏剧情，有的粉丝则喜欢

娓娓道来，因此在内容中做好平衡也是不容易的。

积极与粉丝展开互动，能够帮助运营者增强曝光度，也能够帮助运营者树立起良好的个人形象。无论从哪个角度来讲，粉丝互动都是抖音运营中不可或缺的重要内容，运营者必须给予足够的重视。

4.2.3 多平台协作曝光

一些运营者在做抖音运营时，会将自己的思路局限在抖音平台上，忽视了多平台之间的协作效应。

在新媒体时代，多平台协作运营已经成为一种常见的运营模式。大多数运营者都是既做微信朋友圈运营，又维护着自己的微博，有的人还会经常泡在知乎上。运营者掌握的平台越多，可运营可操作的空间也就越大。无论是内容曝光，还是吸粉引流，多平台协作要比单一平台更为高效。

想要获得更多粉丝的关注，就要被尽可能多的粉丝看到。在抖音平台上，热门视频可以获得最大的曝光率，之所以能够达到最大的曝光率，很大程度上是由于多平台曝光所致。

当抖音某一个视频火了之后，粉丝们便会自发将其转发到微信朋友圈、QQ空间和微博等平台。一些运营者也会转发或模仿热门视频，进一步扩大这一视频内容的影响。正是这种大量的多平台转发才使得热门视频被最大化的曝光。

既然热门视频可以依靠多平台转发获得最大曝光，那运营者为什么不能自己通过多平台转发内容来增加曝光呢？

运营者想要让更多粉丝看到自己的视频内容，单纯在抖音平台内部推广的效果是比较有限的。更何况，抖音平台上同类型竞争者非常多，同质化内容也有很多，做推广宣传的难度也会更大一些。

因此，运营者可以采取“曲线救国”的方法，借助其他平台进行推广宣传，扩大视频内容的传播范围，以此来获得更多的用户关注。

这种“广撒网”的方式在应用时，需要注意内容平台的选择。虽说传播内容的平台越多，传播范围就越广，但同样，运营者需要付出的精力也会更多。在这里，运营者需要找到一种平衡，做到最高性价比地完成多平台协作内容推广工作。

为此，抖音运营者需要在开展推广工作前，先选定几个优质的内容平台。从当前新媒体平台的发展趋势来看，微博、微信、QQ 以及一些自媒体平台是主要的内容推广阵地。运营者的首要选择还是应该立足在微博和微信上。

1. 微博

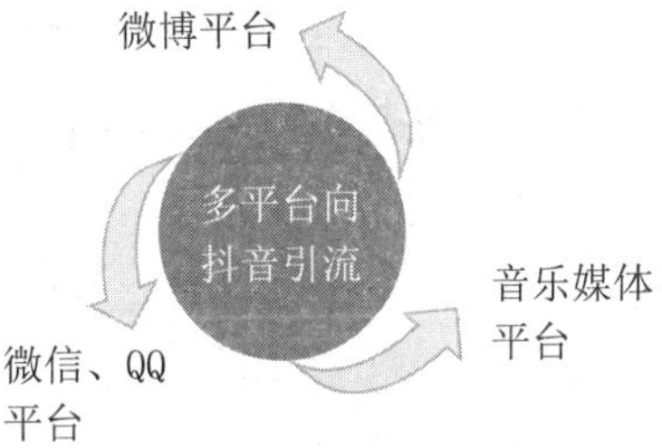

作为重要的流量聚集地，微博是一个不错的内容推广平台。大多数抖音运营者都会选择微博作为协作平台，那些抖音头部达人们同样拥有许多微博关注者。

微博上的内容庞杂，用户虽多，但也较为杂乱，所以运营者还是应该根据自己的账号定位有针对性地推广。

首先，运营者根据用户的年龄段进行定位，在确定了自己账号内容所对应的目标用户后，寻找一些目标用户感兴趣的微博话题，结合相关话题来发布自己的内容。

其次，热门微博话题的评论区也是运营者提高曝光率的地方，运营者可以通过在热门微博话题下评论的方式，将流量引到自己的微博或视频内容上。随后，运营者便可以通过自己的微博来将用户引流到抖音平台，让这些用户关注自己的抖音账号。

2. 微信、QQ

运营者可以直接将抖音内容分享到QQ空间和微信朋友圈，可以邀请自己的好友进行关注、点赞和转发。同时也可以利用微信公众号来实现内容曝光，增加“吸粉”效果。

QQ群和微信群也是一个重要的推广渠道，运营者可以根据自己的账号定位寻找一些相关QQ群，加入其中进行内容营销。微信群则大多需要运营者自己建立，微信群不仅可以作为内容曝光平台，同时还可以积累自己的忠实粉丝。运营者可以将抖音平台上的粉丝引流到微信群中，为以后的商业变现做准备。

利用群聊来进行内容推广，运营者必须保证自己在社群中的活跃度。多发言多表达，才能吸引更多志趣相投的用户关注。

3. 音乐媒体平台

在进行多平台协作时，大多数运营者会主要关注新媒体平台，其实，音乐媒体平台也是抖音内容曝光的一个重要平台。相比较而言，从相性上来看，音乐媒体平台才是与抖音内容最为契合的平台。

在抖音的视频内容中，音乐可以说是必备要素，很多时候，一首优质音乐能够影响视频内容的火热程度。正是基于此，抖音和音乐媒体平台才有了结合的可能。现在的音乐平台也在着力打造自己的音乐社区，这为抖音运营者提供了绝好的机遇。

当前比较流行的音乐平台主要有网易云音乐、QQ音乐和酷狗音乐，作为行业领先者，这些音乐平台拥有着大量的音乐资源和粉丝资源。这些音乐平台中的每一首歌曲的评论区都可以成为抖音运营者增加曝光的舞台。一首热门歌曲的评论往往会多达几百万条，可见其流量之大。

运营者还可以在音乐平台上构建自己的主页内容，从吸引用户关注自己的主页开始，一点一点将粉丝引流到抖音平台上。基于内容上的契合性，从音乐平台上吸粉引流，要比从其他新媒体平台中吸粉引流会容易一些。

相比于其他增加曝光的方式，多平台协作的一个最大优势在于能够为以后的账号间引流及变现提供便利。这是一项系统的工作，运营者在抖音运营初期就需要同步开展，一些时候，运营者的视频内容在抖音上没有成为热门，却在其他平台上火了起来，所以多平台协作还是非常有必要用心去做的。

4.3 抖音短视频营销实例

4.3.1 企业营销类短视频

随着抖音IP的受众越来越多，流量越来越大，一些商家纷纷与抖音平台接洽，双方共谋合作。因此，抖音在商业合作方面也越来越成熟，且营销形式也充满了创意与趣味。

除了一些带货流量IP外，各商家也使用了抖音创意贴纸、原生信息流广告以及定制站内挑战赛等内容，将广告放置在全屏竖屏两侧。这样一来，用户观看视频不会受到影响，且能自然地接触到广告。

随着抖音内容的日益完善，其商业变现的形式也会越来越多样。企业可以将广告有意无意地置入抖音短视频中，实现无痕营销传播化。

有的人不禁要问，既然抖音短视频的优点如此之多，那企业究竟该如何利用抖音平台，为自己的产品进行营销和推广呢？

下面我们来具体解读一下。

1. 利用抖音受众们打开 App 时所见的开屏广告

雅诗兰黛抖音开屏广告

如果我们仔细观察，就会发现使用抖音的受众群体绝大部分都是年轻人，而且，在这些年轻人当中，女性占了极大一部分，这些女性大多数来自一线、二线城市。因此，我们可以这么说：使用抖音的都市年轻女性，是这个平台的主要受众群体。

都市年轻女性有很强的购买力，她们容易被各类美妆、服装、饰品所吸引。因此，与抖音平台合作的品牌公司都会利用这一点，针对都市年轻女性受众，大幅度提高产品的知名度与销量。

开屏广告是个很不错的选择，受众在打开App时，都会“被迫”观看一小段广告，这段开屏广告，可为商家提供大约10%的点击率。

举个例子，雅诗兰黛MAC与抖音平台合作了一款开屏广告，名为“动态唇妆日记”。这支开屏广告实现了12.03%的点击率，可以说非常高了；再比如PUMA在与抖音平台合作时，选择使用有“国民男神”之称的杨洋做代言人。杨洋一向被誉为“带货流量小生”，这支开屏广告也为PUMA商家提供了17.84%的超高点击率。

可以说，雅诗兰黛MAC与PUMA都是看准了抖音受众的主要群体，并进行精准定位。他们使用受众们打开App时的几秒时间，用受众喜爱的形象和产品吸引受众，引导受众点入界面进行购买，从而达到他们期望的营销效果。

2. 利用抖音超级 IP 或当红明星的粉丝效应

前面已经提到，杨洋是网友公认的带货小生，很多都市年轻女性都将其奉为偶像、男神，因此，当她们看到自己男神做代言，而自己又恰好需要这款产品时，就会点入界面进行购买。

一些经常刷抖音的朋友应该知道，一些大IP经常接到广告，不管是美妆的还是护肤的，用IP本身的吸引力给产品做推广，是一种很不错的营销手段。一些大IP自己也会主动寻找商家洽谈合作，在接到广告后，他们就会利用自己的赛道优势，或一边讲段子一边推广产品，或一边直播美妆一边进行广告产品的测评。

很多知名度不高的品牌，都是通过抖音的美妆、护肤IP进行测评推荐后，才被大众广泛熟悉。我们在刷抖音时，经常看到博主推荐一些冷门、小众产品。抖音IP能将产品的知名度、销量提高，这也是小众商家频频与抖音IP接洽的理由。

举个例子，前段时间有款奶茶火遍抖音，名字叫“一点点”。“一点点”奶茶在抖音平台火了后，许多加盟商纷纷加盟，一些三线以下的城市里，“一点点”奶茶店也如雨后春笋般疯狂生长。由于“一点点”的营销手段很强，因此，刷抖音的受众们每当想喝奶茶时，第一个想到的就是网红奶茶“一点点”。即便他们不想喝奶茶，在逛街时看到“一点点”奶茶店，想到抖音IP们拿着奶茶的样子，也想买一款用来拍照或直播。

这些例子都足以证明，抖音平台可以为企业和商家带来直接利润；而企业与商家也可以为抖音IP及明星们实现商业变现提供价值。

3. 创建一个抖音平台的企业官V

不仅个人能创办抖音账户，企业也可以在抖音平台上注册官V，并且以抖音官方认证的身份，很接地气地呈现在大众面前。企业可以直接在抖音平台上与受众们进行交流、沟通，也可以推出一些趣味性、实用性的短视频，或者时不时地发布一些福利等，将产品的路人受众变成自己的粉丝。

在这方面，阿里巴巴一直走在前沿。前段时间，阿里巴巴在抖音平台注册的官微发布了几条马云的讲话视频。这些视频的点赞数量都过了万，其中有一条的点赞数量甚至超过了100万。

阿里巴巴使用产品和马云的明星效应，吸引了平台上的大量粉丝和受众，这些受众都是阿里巴巴旗下产品的消费者，他们对其品牌也有足够深入的认知和了解。在阿里巴巴企业视频的推广下，这些受众纷纷主动进行消费，实现了抖音平台短视频的商品变现。

4. 利用抖音平台上的热门话题，紧跟流量

在抖音平台上，想让短视频的播放量超过10万其实并不困难，因为每隔一段时间，抖音平台上就会出现一个热门视频或者热点话题。如果能将这些热点跟公司要推广的产品结合起来，就能通过“蹭热点”的方法，在晒出产品的同时引发受众关注，这种引流也会促进产品销量的增长。

使用紧跟流量的产品营销例子，典型的就是答案茶、土耳其冰淇淋以及COCO奶茶新喝法。随着答案茶、土耳其大叔做冰淇淋花样“调戏”顾客等视频在抖音平台火爆后，一大批“答案茶”和“土耳其冰淇淋”店如雨后春笋般冒了出来。仅仅凭借抖音，他们就扩展了上百家加盟店，这种引流效果非常强。

可见，企业如果想利用抖音平台进行产品营销，上面几种都是比较好的方式。说不准利用其中的哪一条，就能让产品爆红呢。

4.3.2　企业营销类短视频实操案例

上一节我们已经讲述了企业营销类短视频营销的技巧，下面，我们来通过具体案例，实际解读一下成功的抖音视频营销案例及各案例的营销手法有哪些。

实操案例一：三只松鼠抖音营销案例

三只松鼠原本是入驻淘宝的商家，但随着其知名度的提高，三只松鼠官方希望分享抖音平台方面的营销这块蛋糕。自从三只松鼠入驻抖音后，其粉

丝暴涨到百万，而且短视频的播放量和活跃指数等，也都成了抖音排行榜上数一数二的流量大咖。

那么，三只松鼠是怎样制造出这样的效果的呢？

1. 打造品牌独特 IP

三只松鼠独特的IP形象，使其在抖音平台上的进化速度与能力令人瞠目结舌。三只松鼠的三个IP形象，小贱、小酷和小美，每个都拥有独特点，并且从三个方面，将“贱萌”“高冷”“可爱”这三种元素传达给不同的受众。

三只松鼠官方抖音号

这三只松鼠，小贱喜欢卖萌耍贱，小酷是个技术达人，也是个宅男，小美则是现代女性的代表。此外，三只松鼠的企业抖音号不像是专门推广产品的，倒像是这三只小松鼠平时的生活直播。他们在插科打诨讲段子间，与受众们拉近了关系，也诱发了消费者的购买欲望。

这种效果，正是三只松鼠所提出的“泛娱乐化”战略的核心。那么，为什么三只松鼠将IP设置得如此成功呢？首先，制作者对三只松鼠的动画IP投入非常用心，让《三只松鼠》的动画效果，达到了好莱坞级的视觉效果；其次，三只松鼠的IP设定讨喜，吸引的受众面比较广泛；最后，三只松鼠使用的赛道和推广方式不让人反感，因而吸引了大量受众关注。

2. 紧跟热点，时刻保持与用户的互动

除了自身形象好外，要想在抖音平台长盛不衰，最重要的是时刻保持与用户的互动。这三只小松鼠作为抖音平台的资深玩家，对抖音中的热门视频和音频的拍摄手法耳熟能详。正因如此，抖音用户觉得三只松鼠就像生活在现实中的IP明星一样，受到了广泛认可。

此外，三只松鼠还会积极地在评论区与用户进行互动，跟大家一起聊聊生活中的种种趣事，有时也会跳出来为用户们解决一些疑问。这种方式能让三只松鼠集团保持较强的创作力，也让用户们一直保持新鲜感。

实操案例二：东鹏特饮

东鹏特饮作为一款饮料，最近在抖音平台上爆红了一把。不仅销量随着粉丝的上涨呈现“爆炸”态势，而且越来越多的二级商家都从原厂家进货以保证饮品的需求。东鹏特饮在抖音平台的成功营销，也离不开其一系列的营销手段。下面我们来具体解读一下东鹏特饮火爆抖音的秘诀。

1. 清晰的品牌定位、符合大众的人设

东鹏特饮为了更好地运营抖音企业号，特意制作了一个IP角色——“鹏哥”。鹏哥是一位狂热的球迷，而且性格就跟中国大部分球迷一样热情有趣。这款IP形象十分年轻，且具有健康活力，正好迎合了东鹏特饮本身的运动保健功能。

自从东鹏特饮在抖音平台上线，“鹏哥”就跟“世界杯”等体育赛事进行了捆绑。而且在世界杯期间，“鹏哥”还跟自己的球迷妻子一同上演了欢乐逗趣的生活日常。

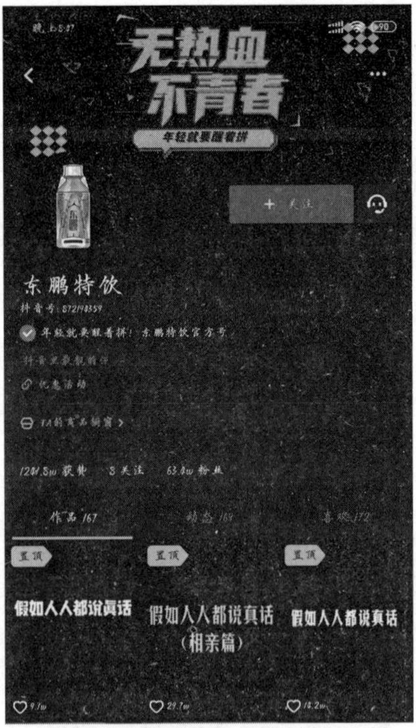

东鹏特饮官方抖音号

可以说，有了“鹏哥”这个特约“演员”的精彩演出，加上东鹏特饮对抖音企业号的用心经营，才造就了“东鹏特饮收获了超越粉丝数22倍”的点赞。可以说，东鹏特饮的成功，也标志着企业在抖音平台上的营销成长潜力。

2. 精彩的剧情设计

想要让短视频抓住受众的眼睛，就离不开一个精彩的剧情设计。东鹏特饮也跟三只松鼠一样，将IP“鹏哥”的短视频拍成了逗趣日常的短视频直播。在这一系列视频中，东鹏特饮围绕男女在婚姻中的关系，以及主人与宠物的关系、上下级和平级之间的关系、好友之间关系等，给受众一种身临其境的感觉。同时，东鹏特饮很注重结合热点事件植入品牌，这种独特的创意也使得东鹏特饮的广告创造力与趣味性极强。

实操案例三：哈尔滨啤酒

同东鹏特饮一样，哈尔滨啤酒也牢牢抓住了世界杯这一机会，在抖音平台上进行了大规模的营销宣传。凭借抖音短视频开屏广告，信息流短视频等高价值广告，以及极强的互动活动，哈尔滨啤酒将自己的产品曝光量提高到13亿。而信息流的广告页面浏览量，也超过了257万。为了更好地吸引流量变现，哈尔滨啤酒请来了内马尔担任开屏广告代言人，借着球星效应，哈尔滨啤酒的PV值达到了5600万之多，其点击量也超过了295万。

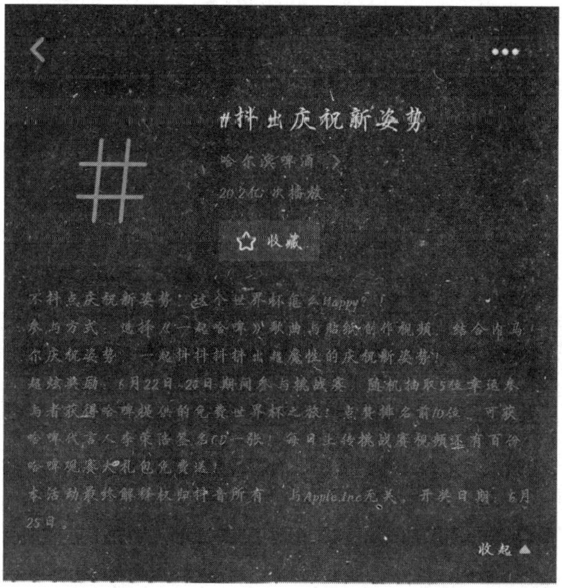

哈尔滨啤酒发起的话题挑战

哈尔滨啤酒在抖音平台上对受众们发出了“#抖出庆祝新姿势#”的主题挑战赛。挑战赛一出，便在受众之间掀起了一场全民参与的“哈尔滨啤酒大狂欢”，成功地吸引了超过27万受众的参与。同时，哈尔滨啤酒还创造了“视频参与量”超过35.3万，短视频的“总播放次数”高达20亿，“总点赞量”高达5312.5万的记录。

哈尔滨啤酒还专门迎合受众，根据主题赛为受众们定制了一套“喇叭+足球+哈啤”的组合贴纸道具，这套道具的使用人数也高达6.9万。这一营销手段，成功地为哈尔滨啤酒扩大了品牌销量。

从三只松鼠、东鹏特饮以及哈尔滨啤酒在抖音平台上的营销例子，不难看出它们都用到了前面提到的四种营销方式。

当今时代本就是个网络发展极为快速的时代，在这个时代中，个人用户与企业都在不断成长，不断创新，这是跟上时代步伐的要求。如果想抓住消费者的内心，企业就要提高产品的新鲜度，让产品对消费者保持持续的吸引力。

作为新兴的视频流量平台，抖音短视频为广大用户和企业提供了推广和营销的平台，在这片“风水宝地”中，企业必须牢牢抓住机遇拓展产品，只有这样，才能不被时代所淘汰。

4.3.3 病毒式短视频营销

抖音作为各类产品的营销平台，其具体操作就是“去中心化流量推广”。具体解读一下，就是在抖音上上传短视频，最开始会给一个200到300的推广基数，如果点赞数和观看完整度都很高，那抖音就会使用更大的流量向受众们推广。那么，作为想要营销产品的企业或个人，应当选择什么样的视频才更容易被抖音推荐呢？

首先，原创视频是必要的；其次，短视频的时长应把握在7秒以上，15秒之内，且视频内容完整度高；最后，视频要纵横两条以上赛道，多贴抖音贴纸。毕竟，有内容、有视角且精美的视频，才更容易被推荐。

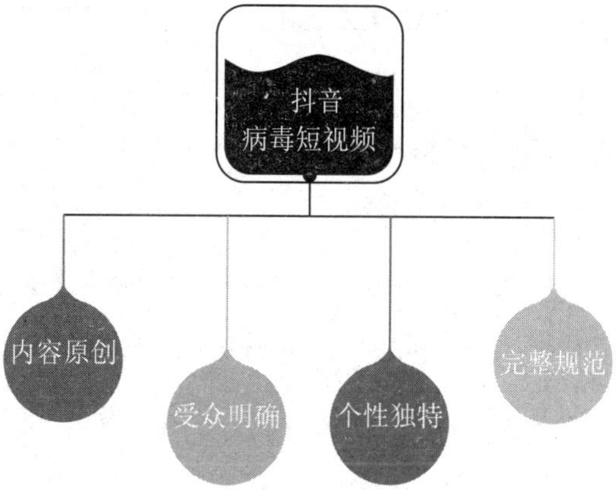

其实，要想在抖音平台上打造一款适合营销的网红视频并不难。抖音毕竟是个拥有10亿用户量的独角兽，且受众年龄的人群十分年轻，平均为16~35岁。这一部分人是最具备消费能力的一群人。也就是说，营销视频的受众群体不用担心，抖音平台已经为你准备就绪了。

但我们在制作产品营销短视频时，要想令其实现病毒式的暴涨，就要注意不触碰到以下几个雷区：不文明用语、吸烟、酗酒、着装暴露、违法行为、抄袭作品、低俗行为、管制刀具及枪支、水军、冒充抖音官方人员等。

在以上行为中，只要触碰到任何一条，就会被抖音官方施以处罚，并对视频内容进行屏蔽，对抖音号进行暂时封号或永久封号。

当你确定自己不会违反以上任何一条时，就可以着手打造病毒式爆红的营销短视频了。

首先，营销方可以针对产品的不同受众，具体决定拍摄主题。比如一些打算长期营销的企业或个人，可创造一个网红IP，并发布一些技能类、才艺类、搞笑类以及生活技巧类的视频，吸引一部分忠诚度较高的粉丝后，再将其转化成变现流量。

一个短期的网红视频，抖音会给予其一周到半个月的时间作为推送周期。最经典的网红塑造就是小甜甜。她在抖音只说了一句话，就吸引了数十万的受众与转发量，成功地从一名普通女大学生转变成了红遍抖音的舆论人物。但小甜甜并没有更优秀的作品，所以不适合作为营销类带货IP，也不具备太强的变现能力，企业营销不宜选择此类没有后劲的网红。

那么，小甜甜的视频既然不具备营销能力，那它是不是一个病毒式的短视频呢？答案是肯定的。这个视频打造的初衷就是为了拼情怀，这种炒作手法也很值得人们赞赏。

视频中，小甜甜一句“带我吃饭就好了”，正好迎合了无数同年龄段的未婚男性，尤其是收入低的青年男性群体对美好爱情和裸娶的渴望。这种渴望恰好帮助了小甜甜爆红网络，无数男人吵着要去寻找她，要带她吃饭。

恰到好处的音乐，配合街访这种形式，让人们更加相信小甜甜就是一个真实的女孩，也让男性受众将心中的渴望放大到了极点。当然，小甜甜本身的颜值也不低，声音更是柔软悦耳，绝大部分男人都无法抗拒小甜甜的懂事，也无法抗拒她乖巧、甜美的初恋人设。

那么，这种病毒式短视频为什么不适合营销？因为情怀拼一次就够了。如果小甜甜进行二次消费，那只能针对男性受众，提供一些他们需要的东西。美妆、护肤、饰品类自然不行，而啤酒、功能饮料等又与其清纯天真的人设不符。这是广告商没有选择其作为带货IP的原因，这也是其视频虽然可以说是“病毒式短视频”，却不能说是“病毒式营销短视频”的理由。

因此，从这个案例中我们不难看出，若想打造病毒式营销短视频，光靠情怀、音乐和剧情是不会持久的，最重要的还是符合某一大类产品营销的现实，这样才能持续稳定的实现带货。

在拍完一个短视频后，我们要做的就是炒作。炒作并不是坏事，而是在众多同类产品中，提高本身产品知名度和销量的手段。我们可以为视频选一个既简单易懂，又能直击人心的主题，同时找大V写几篇软文，再找一些成型的网红或大型营销公司进行推广，以保证观看的受众基数。当以上内容都做完后，我们就可以着手变现了。

如果想让抖音受众们主动转载，并将短视频进行推广，那视频的“病原体（即内容）”就必须有足够的吸引力。如果“病原体”无法在短时间内吸引用户，打动用户，让用户过目不忘，那用户就会将内容跳过，产品的推广就会石沉大海。

若想让内容具备吸引力，可以采用制造流行、引发受众共鸣的手段，这两种手段都是激发用户参与营销活动的好办法。当营销方与消费方紧密结合，此时传播的力量才会足够大，才足够让抖音用户被这条营销视频所吸引。

要知道，一场成功的病毒式营销短视频传播的速度是惊人的。有些成功的营销短视频，几个小时的阅读量就可以达到上千万，半天时间内，就可以积累千万次转发。

所谓视频营销，灵魂就是内容的创意度。当用户愿意分享一个“病毒”时，那肯定是这个“病毒”与其他视频有所区别，足够新鲜有趣，且能够体现出分享者的品位。当一个视频的语言文字浅显易懂、朗朗上口，且有一个有趣有张力的Slogan，那么这个视频呈现病毒式转发的概率就非常大。

现在，我们可以回想一下身边让人过目不忘，耳熟能详的Slogan，一定都是简单且有张力的。比如耐克的“Just do it”；巴黎欧莱雅的“你值得拥有”；麦当劳的“I’m lovin’it”等，都给人们留下了深刻的印象。

试想，当一个极富张力且极富品味的短视频播放完成后，有这样一个Slogan作为结尾，受众一定会觉得非常满足，也愿意去点赞并转发。

那么，病毒式短视频都有哪些经典实操案例呢？我们在下一节进行具体解读。

4.3.4　病毒式短视频营销实操案例

随着抖音平台的兴起，人们纷纷关注起这一掘金地来。“自动循环播放”“15秒碎片化娱乐”“沉浸式体验”等功能，都极好地迎合了快节奏生活的受众需要。抖音短视频的异军突起，除了打造了一大批路人网红外，也成为各大企业展开线上营销战的阵地。

虽然抖音短视频从2016年就开始了征程，但这个行业却是在2018年才正式引爆的。2017年，抖音短视频月活跃用户还不到5000万，但到了2018年6月，全球月活跃量已经超过了5亿，成了自媒体平台中的流量大户。

抖音平台不仅是一个社交平台、内容发布平台，还是一种属于年轻人的主流传播平台。因此，它也成为各大企业青睐的品牌营销新阵地。

抖音与微信、微博并列，被称为企业营销“双微一抖”渠道标配。但与微信和微博不同，抖音更受到年轻群体的青睐。基于快节奏短视频播放，许多爆款营销逐渐显露。比如海底捞和各类网红小吃，都是凭借抖音的营销宣传，走入全国各个城市的受众之间。

在众多病毒式短视频营销中，影视类公司的营销传播是其中较大的一块。影视版块本就受年轻人追捧，相比于微信与微博中规中矩的传播，人们更愿意看到其与短视频的结合。

作为长视频的影视剧，无疑是短视频的劲敌。短视频近年势头猛进，已经成为瓜分长视频“国民总时间”的大敌。就像云和数据CEO李雪琳说的那样，“现在抖音的用户单日消费时长已经和视频网站的时长一致了。”

可另一方面，一些影视类公司没有将其视作对手，反而将短视频开发成新型的娱乐平台，并将其作为宣传传统影视剧内容的营销手段，这种结合的手法，不仅给长视频带来推广的突破，也让承载长视频内容的短视频实现了病毒式传播。

如今，越来越多的影视剧项目看准了抖音宣传这块蛋糕，并且实现了影视营销路径从线下到线上、从注重渠道到注重创意的演变。这样的演变也成就了不少病毒式短视频营销的经典。可以说，影视营销行业进军抖音平台，是顺应了时代发展变化的要求，也彰显了中国影视产业的市场化发展进程。

随着影视剧方面的高投入与大制作，中国电影也逐渐迎来了“大片时代”。正是因为这样，影视营销平台才需要大展拳脚，才需要与抖音等渠道配合，打造一场病毒式的营销。当然，影视行业使用抖音平台短视频，进行病毒式营销取胜的典型案例也不少。从《前任3》到《一出好戏》，这些国产影片都看到了短视频强链接的社交性以及天然创意的传播和巨大的话题传播量，下面，我们来具体解读一下。

实操案例一：《前任3》

《前任3》的上映时间是2017年12月29日，上映之初，这部片子的票房成绩并不算好。与其同期的《妖猫传》因为制作精良、噱头十足、宣传到位，在前期票房一直压着《前任3》。后来，《前任3》在营销推广上下了功夫，再加上本身的口碑发酵，使得其票房一路高升，力压了同档期上映的《二代妖精之今生有幸》《妖猫传》等多部电影。

《前任3》票房低开，原本形势会随着第一周的票房而稳步下降，但在制作方的推广下，票房在第二周、第三周连续大幅度走高，甚至一路拉到历届同类型影片中的前几名。为什么《前任3》能创造票房反超奇迹？就是因为华谊兄弟电影团队在抖音上进行了“病毒式”的短视频营销策略。

就在第一周票房出来后，《前任3》的发行方华谊兄弟电影团队开始在抖音平台上大量发布用户在影院内观影并哭泣的短视频。这些短视频迅速风靡了全网，拉动了用户对这部影片的关注。为了让影片实现更好地推广，华谊兄弟电影团队还制作了保安、护士等抢救“痛哭观影群众”的短视频，持续引发连锁反应。

后来，营销团队为了将“病毒”传播地更快更广，还使用“PGC”（专业生产内容，Professionally-generated Content，简称PGC）内容，让抖音受众们模仿电影中的“手势舞”“吃芒果”“戴紧箍咒表白”。这些内容吸引了大批粉丝，粉丝们纷纷关注这部影片，也将观看《前任3》、模仿《前任3》中内容的发布作为潮流的象征。

最终，抖音受众们将这部本会走向颓势的《前任3》票房，硬生生地拉动到将近20亿，远远超过了华谊兄弟电影团队的5亿票房预期。而《前任3》的例子，也成为抖音平台病毒式短视频营销的典型案例之一。

实操案例二：《来电狂响》

来电狂响官方抖音号

正所谓“用户在哪里，营销就在哪里。”这种营销逻辑为电影《来电狂响》铺了一条广阔大路。《来电狂响》于2018年12月28日在中国内地上映，原片来自于意大利的《完美陌生人》。这部片子算是小成本电影，演员阵容也不如其他影片豪华，基本靠佟大为、马丽、霍思燕和乔杉支撑。

没有流量小生做演员，那影片的宣传该如何进行呢?《来电狂响》团队想到了抖音短视频平台。随着市场呈现新趋势，诸如抖音这样的新方法就会出现。

《来电狂响》加入抖音宣发大军后，知名度一下子暴涨，为了实现强化的“病毒式”的增长，《来电狂响》团队还跟抖音平台进行了线下合作，共同搞了个“关机一小时”的活动。主演佟大为和马丽更是现身北京三里屯，专门为电影和抖音平台做宣传。

正是基于抖音平台的大力推广，《来电狂响》在上映一周时间内，就斩获了超过4亿的票房，力压同档期的一些影片，甚至还多次成为当日的票房销冠。

抖音短视频App之所以能跟影视产业深度融合，很大程度源自受众人群的覆盖率。喜欢去电影院观影的多是年轻人，这与抖音的受众年龄段大致相同。因此，抖音自然而然地成了影视产品宣传推广的黏合剂。得益于抖音机缘，一些小众电影也变身票房“黑马”，迎来了票房“春天”。

第5章 FIVE 精准引流，打造 IP 矩阵

5.1 账号矩阵究竟是什么

5.1.1 抖音账号矩阵

当前，在抖音平台上，大多数运营者都在“孤军奋战”，真正通过矩阵运营来做抖音的人并不多。相比个人抖音运营者，做抖音矩阵的大多是专业营销人员。

矩阵是一个数学概念，其可应用的范围却十分广泛。除了在数学领域，还可以应用于物理学领域和计算机科学领域。当然，现在这个概念也常被应用于营销学领域。

微信公众号有矩阵，抖音账号也有矩阵，在大多数新媒体平台上做运营，都可以用到矩阵的方法。

抖音账号矩阵就是将抖音账号与账号之间建立连接，这样不同账号间的粉丝便可以通过一条“通路”往来。从营销学上来讲，这是一种精准引流的方法，能够较大程度提高新媒体账号的商业价值，更能形成一种集聚效应，放大单个账号的商业价值。

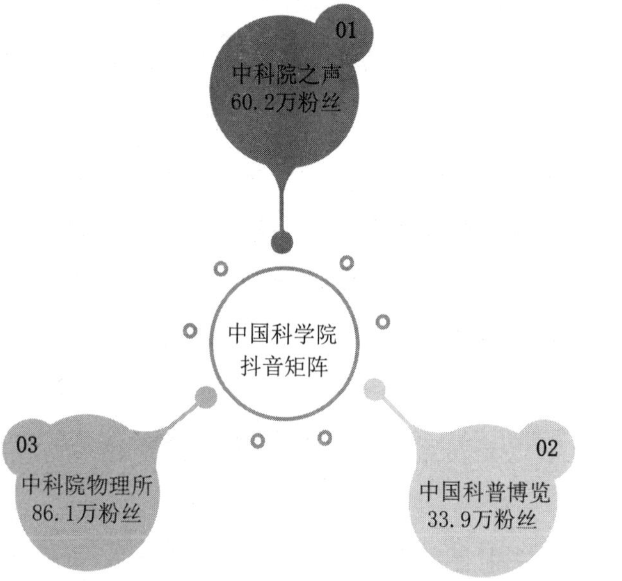

简单来说，如果在拥有100万粉丝的抖音账号，与拥有50万粉丝的账号间建立矩阵，那么双方就会共同享有150万的粉丝流量池。在这种情况下，双方粉丝都会出现一定程度的增长，这就是矩阵营销的引流效果。

矩阵的概念理解起来并不难，但在正式的营销操作中，想要达成矩阵营销的最终效果，也并没有那么容易。

在抖音平台上，并不是任意两个账号之间都可以建立起稳固的连接。很多时候，账号间连接的稳固程度也决定了矩阵运营的引流效果以及整个矩阵的稳固程度。

一般来说，抖音平台上常见矩阵类型主要有四大类。

1. 以家庭为单位的抖音矩阵

在抖音平台上，抖音红人“小金刚”“可爱的金刚嫂”“金刚爸”“金刚妈”自称为金刚家族，是典型的家庭矩阵运营代表。拥有670多万粉丝的“小金刚”的视频内容主要围绕一家四口展开，每次发布原创视频，都会@其他几位矩阵成员，形成了很好的引流效果。

截至2019年3月底，“小金刚”家庭矩阵成员的粉丝数量总和接近1000万。虽然其中共同粉丝也不在少数，但这种以家庭为单位运营矩阵的抖音红人，更容易吸引喜好家庭情景剧的粉丝，在形成一定规模后，也容易受到相应广告主的青睐。

2. 以社团为单位的抖音矩阵

在大多数网络游戏中，社团是个不可或缺的存在。组建社团的一个重要意义在于个体可以依靠社团来谋求发展，随着社团规模越来越多，个体也能够从社团中获益更多。

在抖音平台上，也存在着诸多社团。这些社团正是由抖音社团矩阵运营者所组成的，目的也是为了像家族矩阵一样，完成精准引流，实现个体粉丝数量的突破。

当然，想要进行社团矩阵运营，必须拥有一个大号，而且这个大号还必须是优质的抖音账号。一方面，这个大号需要拥有较为稳固的粉丝基础，粉丝增长趋势曲线稳定，粉丝数量较多；另一方面，必须能够调动粉丝的积极性，与粉丝之间互动良好，拥有较高的粉丝忠诚度。满足这些条件，才能更好地帮助社团中的小号增长粉丝。

3. 以 MCN 机构为单位的抖音矩阵

提到抖音平台上的MCN（Muti-Channel Network，一种多频道网络产品形态，联合PGC内容，在资本的支持下，保障内容持续输出，最终实现商业变现）机构，不得不提的就是洋葱集团。作为一家专业的自媒体内容生产机构，洋葱集团在抖音平台上打造了10多个抖音红人，从“代古拉K”“七舅脑爷”到“爷爷等一下”“办公室小作”，涵盖的内容领域范围广阔且有质量。

相比于以社团和家庭为单位的抖音矩阵，MCN机构在做抖音运营时，具有明显的专业优势。这些在营销圈浸淫多年的MCN机构，在抖音刚刚兴起时就着力培养自己的内容产出团队，优秀的内容运营者配合MCN机构专业的营销技能，很容易打造出优质的抖音IP。

4. 以个体为单位的抖音矩阵

一些抖音个人运营者并不喜欢做家庭矩阵，也不习惯做社团矩阵，更不想让MCN机构“插手”自己的运营工作，所以会选择自己来做抖音矩阵。

抖音红人“彭十六”便是个体矩阵运营的代表。“彭十六”的抖音大号拥有2000多万粉丝，其余小号的粉丝数量也几百万。

相对来说，个体矩阵运营与家庭矩阵运营存在较多相似之处，但在内容产出方面，家庭矩阵运营显然要比个体矩阵运营效果更好。大多数个体矩阵运营者会选择用不同的账号分发不同的内容，但如果内容的差异性过小或者过大，都容易影响到运营的效果。因此，众多矩阵运营中，个体矩阵运营的效果相对而言是较弱的。

从组织形式上来看，抖音矩阵运营有一丝“抱团取暖”的意思，在选择具体的矩阵运营类型时，运营者需要从自身实际出发，不能不顾实际地盲目跟风。

5.1.2 抖音矩阵运营的利弊

抖音矩阵运营作为一种重要的账号引流方法，能够帮助运营者扩大粉丝流量池，增加内容的曝光度。矩阵内容的账号如果能够在产出内容上相互配合，还可以形成一定的合力，增加抖音账号的吸粉能力。

对于个人运营者来说，抖音矩阵运营的最大意义在于为账号增加粉丝。通过大号带小号的方式，新手抖音运营者可以迅速完成基础粉丝积累过程，可以节省不少精力和时间。这个过程对于抖音运营者来说意义重大。

但从另一个角度来讲，无论是家庭矩阵运营，还是社团矩阵运营，都容易出现一个共性问题。在这类矩阵中，大号确实可以通过合理运营为小号引流增粉，但同时也会影响到小号的个人品牌形象养成。

如果在抖音矩阵中，小号在内容风格上与大号较为相近，就始终会在大号的“阴影”之下发展。一些运营者在前期并不知道该打造什么风格的形象，往往会因为处于大号矩阵中，受到大号影响，而跟随大号的风格去做。到最后，虽然与大号做同样风格的内容，却始终无法做到大号的成绩。

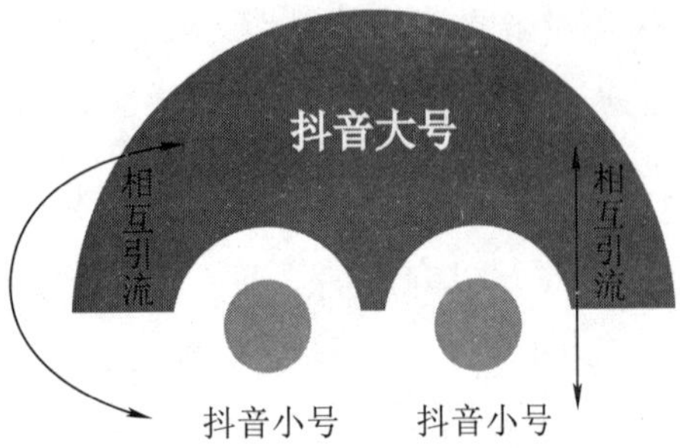

这类抖音矩阵在运营时，小号运营者最好与大号在内容风格上形成差异，或者在内容上形成互补。如果跟随大号的风格去做，只会让自己的运营之路越走越窄。在这一方面，个体抖音矩阵要更具优势一些。

一些个体抖音矩阵运营时，运营者在不同的抖音账号产出的内容往往是不同的，要么存在互补，要么是不同方面的内容。通过运营数据分析，运营者会发现矩阵中各个账号的粉丝流量变化，据此，运营者会相应增减某个方面的内容。

某个个体抖音矩阵运营者，原本主力运营的大号粉丝增长缓慢，但矩阵中的小号却呈现出快速增粉趋势。经过数据分析，他决定加大对小号在内容生产上的投入，最终，只用了很短时间，小号的粉丝数量就超过了大号，矩阵中诞生了新的大号。随后，运营者也将运营的重点放在了新的大号上。

从上面介绍可以看出，个人运营者在做抖音矩阵的时候，优势和缺陷都很明显。在选择矩阵类型时，抖音运营者应该充分考虑利弊，再去做决策，以免辛苦努力付诸东流。

在抖音平台上，除了个体运营者要做矩阵运营，品牌企业同样需要做矩阵运营。不同于个体运营者的矩阵引流，品牌企业做矩阵，更多是为了塑造企业品牌形象，扩大企业的影响。

品牌企业在抖音平台上都会申请“蓝V”认证的企业号，同时在申请企业号时，也会申请多个账号来组建自己的品牌矩阵。在小米的抖音矩阵中就有“小米手机”“小米商城”“小米有品推手”“小米保险”等多个抖音账号，粉丝最多的“小米手机”拥有近350万粉丝。

品牌企业在抖音上做矩阵运营的一个优势在于可以从多个不同角度去展示企业品牌形象，而另一方面，也可以扩大企业在粉丝群体中的影响。在新品发售时，企业还可以借助抖音矩阵来迅速将消息内容扩散，为新品发售预热、吸引人气。

当然，企业品牌矩阵运营时，也会运营失误，导致牵一发动全身的情况出现。为了避免发生此类情况，在进行企业品牌矩阵运营时，一定要统一并规范矩阵中账号的内容。

5.1.3 抖音矩阵运营实例

那些最先发现抖音风口的人，早已经在抖音上展开了自己矩阵运营的大网。相比于后期加入的抖音运营者，占得先机的矩阵运营者们已经在矩阵中玩出了花样。

没有研究过抖音运营的人，大概不会知道“什么值得买”“城市不麋鹿”“吃喝冒险王”都处在同一个内容矩阵之中。从这三个抖音账号的内容来看，三者分别定位于“好物导购”“道路导航”“美食导引”，具体内容差别很大，但全部指向于“测评”这一个定位。

事实上，这三个账号都是导购网站“什么值得买”在抖音上布局的账号，立足于测评，形成了一个多内容矩阵。

首先，“什么值得买”抖音账号自创建到2019年3月底，已经发布了220多部视频内容，获得共430多万的点赞，有220多万的粉丝。

从其评测的内容来看，大多是新近发售的热门产品，重要的是，其所测评的商品都会直接链接到相应的淘宝店铺。显然，这一步操作的背后出现了商

业变现的影子。

其次，“城市不麋鹿”抖音账号自创建到2019年3月底，已经发布了90多部视频内容，获得了970多万的点赞，有170多万的粉丝关注。

该抖音账号的定位是城市旅游攻略，包括了吃、喝、玩、乐各个方面的内容。在评测地点上，并没有固定的区域，但多以北京为主，同时也包括一些国外的旅行攻略。

由于在内容上多注重实用性，因此像“泰国水果自助山”“不到100元就能坐的热气球”等视频内容收获了较多的粉丝点赞。

最后，“吃喝冒险王”抖音账号自创建到2019年3月底，已经发布了210多部视频内容，获得了600多万的点赞，收获了100多万的粉丝。

对比矩阵中的其他两个账号，“吃喝冒险王”更注重塑造主持人的人设。呆萌的主持人既会吃，又能打快板、说RAP，个人形象属性非常鲜明。

在具体内容上，该账号多以室内内容评测为主，偶尔会有出门买菜，或是前往餐厅试菜评测的内容。其特色主要在于主持人强烈的个人形象。

纵观“什么值得买”的抖音矩阵运营可以发现，其矩阵中的账号在内容上具有互补性，同时在形式上保持了较高的一致性。除了“吃喝冒险王”账号有主持人出镜，其余两个账号都没有安排主持人出镜。

重要的一点在于，该矩阵中的账号内容定位清晰，并具有鲜明的引导消费属性。因此，从商业变现角度来说，很容易进行广告的软植入，或者向电商变现方向发展。可以说，在形成了一定的粉丝基础之后，该矩阵的账号在变现上可选择的方向有很多。

可以看到,“什么值得买”抖音矩阵中的账号,大多是在垂直的细分领域中做内容,并且形成了较大的差异性。在抖音平台上,还有一些在细分领域中做矩阵运营的运营者,蘑菇街是其中比较典型的一个。

蘑菇街是一家专注于年轻女性消费者的电子商务平台,在抖音上以“蘑菇街”“蘑菇搭配师”“蘑菇化妆师”“菇菇来了”“菇菇叽”“菇菇街拍”等账号构成了自己的抖音矩阵。

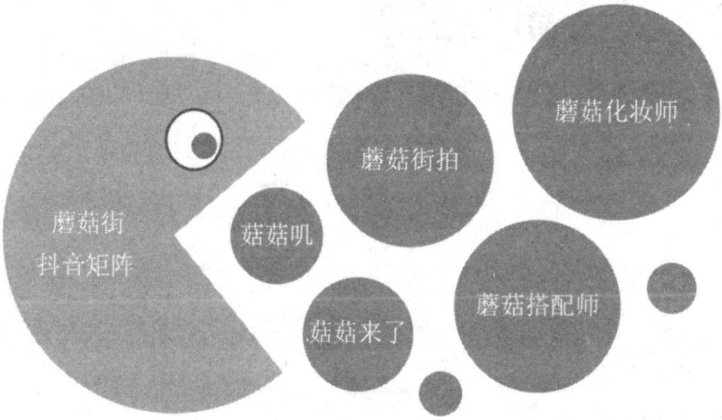

蘑菇街的抖音矩阵主要集中在潮流时尚这一领域,而在这一领域中,蘑菇街又对矩阵账号的内容产出进行了细分。其中,“菇菇来了”以街拍形式为主,“蘑菇搭配师”主要聚焦于服饰搭配领域,“蘑菇化妆师”主要立足于妆发技巧和好物评测,“菇菇叽”则定位于介绍明星穿搭。

可以看出,蘑菇街的抖音矩阵账号根据定位细分市场,这种账号内容细分的方式,能够更大程度上吸引该领域的粉丝,但同时,也会增加内容创作的难度。

从当前蘑菇街抖音矩阵账号的粉丝数量来看,其中既有百万粉丝的大号,也有还没有突破十万粉丝的小号。想要为小号增加粉丝,还需要继续通过矩阵引流才行。

5.2 关注粉丝需求

5.2.1 粉丝需求的要点

抖音平台很容易出现爆款，这是因为越是受欢迎的视频，抖音越会给予其流量推荐，这样这些视频就会进一步增加曝光率。而归根结底，这些视频之所以能够被人们认可和喜欢，很大程度上是因为满足了粉丝的需求。

想要让自己的抖音内容火起来，必须要依靠抖音的热门推荐机制，被推荐得越多，越能让更多人看见。为此，大多数运营者开始研究抖音的推荐机制和算法来。研究来研究去，到最后，运营者确实得到了一定的结论，但最终这一结论又回溯到了内容创作上。也就是说，想要被推荐、上热门，还是需要让自己的内容先满足粉丝的需求才行。鉴于这一点，运营者们又纷纷踏上了分析粉丝需求要点的道路。

最初，抖音上的大多数粉丝年龄在25周岁以下，其中18到24周岁的年轻人占80%。可以说，在抖音发展之初，是90后粉丝扛起了大旗，00后粉丝则紧随其后。但到了2019年，经过了一整年的爆发，抖音用户数量出现了爆炸性增长，年轻粉丝群体数量虽然也有增加，占比却大大减少，抖音粉丝的年龄层已经发生了改变。

2019年，80后群体开始成为抖音粉丝的主要群体，其中18到35岁粉丝的总数占抖音粉丝总人数的83%。其余年龄段的粉丝群体在数量上相差则并不大，抖音主流粉丝群体也从90后逐渐转变成为80后。

抖音平台上的用户，既可以是内容创业者，也可以是追逐内容的粉丝。之所以要严格区分抖音粉丝群体的年龄，是因为不同年龄阶段的粉丝对于抖音内容的偏好和需求也是不同的。由于无法细化每个粉丝的具体需求，因此，分析同一年龄层粉丝的共同需求，成了抖音运营过程中的重要方法。

想要通过抖音来引流，就需要了解自己粉丝群体的需求要点是什么。很多抖音矩阵的大号之所以无法向小号引流，就是因为在小号中，粉丝们没有找到自己所需要的内容，并不是小号的内容不够好，而是其没有切中粉丝们的需求要点。

粉丝并不会无缘无故产生关注行为，其关注运营者的内容，一定是发现了内容满足了他的特定需求。而且，粉丝还希望通过关注来持续获得这种需求的满足。因此，抖音运营者如果想要通过矩阵运营来为小号引流，就要首先了解粉丝的需求要点。

一般来说，在抖音平台上，常见粉丝需求主要有以下五个要点。

1. 寻找快乐

粉丝寻找快乐这一需求产生的动机在于现实的痛苦，或者说生活中存在的负面情绪困扰着自己。大多数粉丝打开抖音都是在无聊，或是心情不佳的时候。这是一种无意识的行动，当大脑感知到个体处于消极情绪中时，行为就会趋利避害地寻找能够消解这种情绪的方法。

打开抖音正是一种解决问题的方法，如果在平台中，粉丝发现某个账号的内容能够消解他的负面情绪，或是为他带来持续不断的快乐，很显然，他会选择关注这个账号，来持续不断地获取内容。

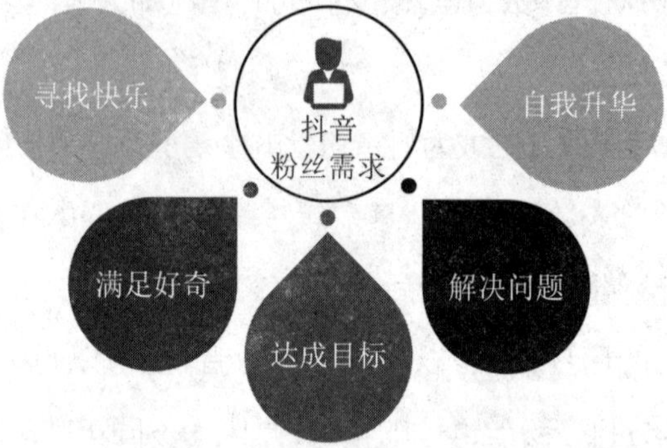

相对来说，搞笑类抖音账号更能满足粉丝的这一需求要点。如果粉丝发现了运营者的一个搞笑视频，他们中的大多数人就会去翻找这位运营者的其他视频。如果这些视频内容能够让粉丝获得持续不断的快乐，那粉丝就会关注这个运营者的账号，期待其后续的视频内容为自己带来快乐。

“天天笑园”作为搞笑类抖音账号的代表，因其人物故事和人物形象呈现出较高的一致性和延续性，进而收获了众多粉丝的关注。

2. 满足好奇

“世界之大，无奇不有”，人类对世间奇事的探索从未间断。在抖音平台上，同样有许多期待探索未知的粉丝。

人类追逐未知，是为了认识自然、了解世界，但也有一些时候是为了增加自己在社交场合的谈资。抖音平台上的冷知识和新鲜事所满足的正是粉丝的这一需求。

抖音账号“地球村讲解员”所发布的视频内容，主要是一些脑洞大开、新奇无比的冷知识，在满足粉丝知识需求的同时，还极大满足了粉丝的好奇心理。在获得这些新奇知识后，粉丝便可以在自己的社交圈内畅所欲言。

除了知识分享类的抖音账号，一些户外旅游、探险类的抖音账号，也对准了粉丝的好奇心。这些账号分享内容大多是普通人生活中很难见到的场景和活动，对于这些内容，大多数人往往会更加敏感，会更有兴趣去关注这些内容。

3. 达成目标

达成目标也是一种重要的粉丝需求。在抖音平台上，有一类情感账号，运营者会在视频内容中打造各式人设形象，从而让粉丝产生羡慕或欣赏心理，激发粉丝的模仿欲望。

每个人都希望自己变得更加优秀、更加美好，一些抖音运营者不仅在视频内容中展示美好形象，同时还会为粉丝传授让自己变得更美好的方法。这正迎合了粉丝想要变优秀的心理，于是，伴随着运营者的指导，粉丝们便会自觉树立起目标，同时不断朝着目标努力。在达成目标的过程中，当然也要持续关注运营者的账号了。

4. 解决问题

遇到问题，就要寻求解决的方法。在生活中遇到的各种琐事无法解决，想要吃小龙虾不知道哪里的好吃，想要看电影不知道哪个好……人们有太多问题需要解决了。

在抖音平台上，有不少帮助粉丝解决问题的运营者，小到家居收纳，大到投资理财，各类问题都有解决之法。抖音平台上的教穿搭、教理财、教经商的运营者，正是抓住了粉丝的需要解决问题的心理来展开运营的。如果运营者能够把自己塑造成粉丝渴望成为的目标，就很有可能吸引粉丝来关注。

5. 自我升华

相对于前面几种需求，粉丝的自我升华需求比较抽象，但近几年伴随着自媒体平台的兴起，绝大多数粉丝都饱经“鸡汤”的洗礼，在一定程度上获得了自我升华。

那些跌宕起伏的成功案例，那些百折不挠的励志故事，那些凄美浪漫的爱情童话，在经过抖音运营者的再创作之后，都会成为吸引粉丝关注的动人故事。

伴随着生活压力的增加，越来越多人对自己的现状产生焦虑，这种精神上的焦虑并不是简单方法能够解决的。“心灵鸡汤”这种故事类型，在一定程度上的确能够缓解人们精神上的焦虑。哪里有需求，哪里就有机会，出于粉丝的需求，抖音平台上也出现了不少鸡汤类账号。

抖音运营者想要从其他账号引流之前，需要首先考虑粉丝的具体需求是什么。如果大部分粉丝的需求是满足自己的好奇心，那么运营者在内容创作上，就不能朝着心灵鸡汤的方向努力。找准粉丝需求，才能实现精准引流。

5.2.2 粉丝需求要点分析方法

做抖音引流，需要对粉丝需求进行精确分析，想要做好分析工作，运营者需要按照一定的步骤和方法去展开分析过程。

一般来说，大多数使用抖音的粉丝都是为了满足个人需求，而不是像抖音运营者那样，将抖音看成是营销宣传的工具。大多数粉丝玩抖音，是为了在其中寻找一种精神寄托，以此来打发自己的无聊时间。而抖音运营者要做的正是通过分析方法找到抖音粉丝的需求要点。

一般来说，分析抖音粉丝需求要点，需要按照三个步骤环节去展开。

1. 捕捉粉丝需求

抖音平台上的粉丝众多，运营者并没有精力一一分析他们的需求。因此，在分析粉丝需求要点之前，运营者首先需要确定自己的目标粉丝群体。确定目标群体后，不仅能缩小粉丝范围，还能够降低捕捉粉丝需求的难度。

粉丝群体需求的发现和捕捉需要依靠运营者敏锐的观察能力、推测能力和数据分析能力。从一定程度上来说，粉丝需求可以看作是存在的待解决而未解决的问题，这些问题的延伸扩展即为需求。

虽然确定目标粉丝群体能够缩小粉丝的范围，但在目标群体中，粉丝的需求也是多种多样的。抖音运营者需要从众多粉丝需求中，捕捉到那些对自己有用的需求，这是粉丝需求分析的第一个环节，也是最为基础的环节。

2. 提炼需求要点

一般来说，同一类粉丝群体的需求是相似的，所以运营者确定目标粉丝群体后，能够较快捕捉到这一群体中粉丝的需求。

在确定群体粉丝的需求时，运营者要尽量去找其中的共性内容，捕捉到粉丝群体真实的共性需求。群体粉丝中的个性需求，也需要加以注意，但应该放到共性需求分析之后。

从目标粉丝群体中捕捉到共性的粉丝需求后，抖音运营者需要从这些共性需求中提炼出粉丝的需求要点。这是粉丝需求要点分析的第二个环节，也是"去粗取精"的一个环节。在这个环节中，运营者需要筛除那些并不重要的粉丝需求，而提炼出目标粉丝群体共性的需求要点。

大多数失败的粉丝需求分析案例，往往是在这个环节出了问题。运营者在提炼粉丝共性需求要点时，很容易出现要点提炼不全或偏差的情况，这就会导致下一环节工作的不精准。因此，运营者在提炼粉丝需求要点的时候，一定要多加留心，全面认真地分析粉丝需求。

也有些运营者认为粉丝需求分析并没有什么用，因为粉丝需求经常会发生变化，在这种情形下，提炼粉丝需求的要点又有什么用呢？

粉丝需求发生变化确实是一种较为普遍的现象，因为很多时候，即使是粉丝自己也不知道自己想要什么。粉丝可以不知道自己想要什么，但运营者却要知道粉丝想要什么，并且很多时候，运营者还需要使用各种方法来让粉丝知道自己想要什么。

福特汽车公司创始人亨利・福特曾说："在马车时代快结束时，如果询问客户有什么需求，很多人都会说‘想要一匹飞快的马’。”很显然，这是一种用户需求。但当汽车被发明出来之后，这种粉丝需求就会发生改变，没有人会再想要“一匹飞快的马”，他们更想要的是“一辆更快的车”。汽车制造商们让用户真正明白了自己需要的究竟是什么。

这也正是在粉丝需求分析过程中，提炼粉丝需求要点的重要性所在。提炼粉丝共性的需求要点，就是要找到粉丝的“本质需求”和“真实需求”。在粉丝需求分析之初，运营者所获得的粉丝需求既有片面的，也有表面的，运营者需要从中提炼出真正有价值的粉丝需求要点。

3. 构建粉丝画像

在提炼出目标粉丝群体共性的需求要点之后，运营者需要根据这些要点内容来绘制粉丝画像。粉丝画像是运营者开展抖音运营的战略指导，它能够清楚明白地展示出目标粉丝群体的特征和需求，了解了这些内容后，运营者才能够更好地开展内容运营工作。

当然，正如前面所说，如果在提炼粉丝需求要点时出现差错，很容易导致构建出的粉丝画像失去应有的作用。因此，在构建粉丝画像之前，运营者不妨用一点时间去回看上一环节中粉丝需求要点提炼的过程，降低出现错误的概率。

在构建完粉丝画像之后，粉丝需求分析的工作就结束了。粉丝需求分析工作的结束也是其正式发挥作用的开始，在完成粉丝需求分析后，运营者需要结合粉丝画像，去制定相应的抖音内容传播策略。

5.2.3 从需求出发，提高粉丝忠诚度

粉丝需求分析只是运营的起点，不仅对于“吸粉引流”具有重要作用，在粉丝留存方面，作用也是十分明显的。

通过“吸粉引流”等方式获得的粉丝，忠诚度并不高，如果运营者不能持

续输出优质内容，很容易导致新增加的粉丝逐渐流失。

大多数抖音运营者都会产生这样的烦恼：为什么新增加的粉丝越来越少？为什么内容营销后粉丝增长依然乏力？

这些问题都是抖音运营中较为常见的，产生这些问题大多是因为运营者的内容运营并没有切中粉丝的实际需求。运营者需要时刻考虑如何满足粉丝的需求，让他们持续关注自己的内容，并保持活跃度。

大多数运营者都很清楚内容的重要性，他们也乐于在内容创作方面多下功夫，如果这些内容对粉丝的影响微乎其微，这就说明并不是运营者的内容出了问题，而是运营者选择的方向出了问题，可能在这个方向上，并不存在粉丝的需求。

这样一来，提高粉丝忠诚度的任务就又回到了抓住粉丝需求上面。这并不难理解，如果运营者能够始终牢牢抓住粉丝的需求，粉丝们自然也会对运营者保持持续关注。

粉丝从关注运营者抖音账号开始，会经历一个情感的变化过程。不同粉丝的情感变化曲线会各不相同，但从大体上来看，粉丝的情感会经历一个从认同到归属的过程，在这个过程中，粉丝的忠诚度也会随之升高。

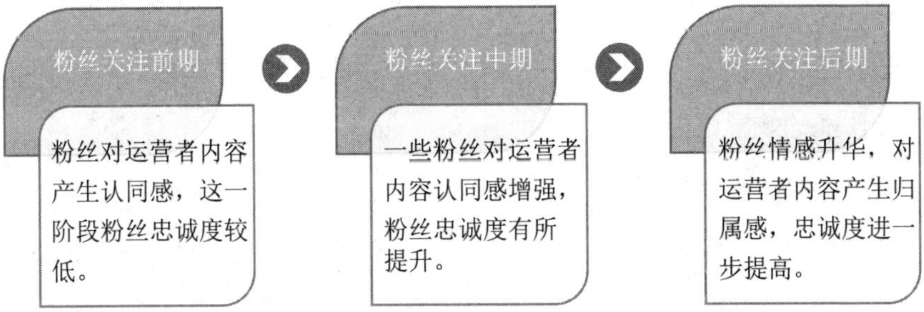

1. 粉丝关注前期——产生认同感

粉丝关注了运营者的抖音账号，就说明其对运营者所传播的内容产生了一种认同感，或者说双方在情感上取得了共鸣。这是粉丝关注的前期，这一阶段粉丝的忠诚度还比较低，只是对运营者的个别内容感兴趣，由此产生了关注行为。

一般来说，能够抓住目标用户需求的运营者都可以通过内容运营来获得粉丝。在最初阶段运营者获得的正是这种对账号内容具有认同感，但对账号内容的忠诚度较低的粉丝。这一阶段只是为“吸粉引流”的基础阶段，运营者还需做好后续工作，来提高这些粉丝的忠诚度。

2. 粉丝关注中期——产生满足感

在粉丝关注前期，粉丝们的情感会根据运营者后续内容的输出而发生改变。如果运营者所创作的内容无法继续被粉丝认同，那么这些粉丝的情感就会消退，进而取消对运营者账号的关注。如果运营者后续创作的内容让粉丝的认同感得到增强，那么这些粉丝的情感就会继续发展，他们的认同感也会逐渐转变成为满足感。

当运营者能够用内容让粉丝感受到满足后，粉丝留存的工作基本就完成了。在这一阶段，粉丝忠诚度较关注前期有了较大提升，粉丝开始期待运营者创作的内容了。这些内容不仅符合他们的预期，更切中了他们的真实需求。

从让粉丝认同到让粉丝满足，想要完成这个转变，提升内容质量是关键。想要做到这一点，运营者需要运用粉丝需求要点分析的结果，借助粉丝画像中的用户需求特征，来帮助创作内容。通过这种方式创作出来的内容更有针对性，传播的效果也更好。

3. 粉丝关注后期——产生归属感

不少运营者在做粉丝运营时，往往做到粉丝关注中期就停下了脚步，他们认为内容能够让粉丝产生满足感，粉丝就会长久地留下来。这种观点并不能算错误，只不过在当前抖音平台上，严重的同质化竞争已经让这种观念变得不那么稳妥了。

抖音平台上的很多人都在生产内容，专门从事内容营销的运营者更是不在少数，内容的同质化已经在抖音平台上愈演愈烈。这时候，如果运营者依然抱着用内容让粉丝产生满足的心理去做运营，就很容易被同领域的竞争对手“挖墙脚”，从而出现粉丝流失的现象。

面对这种情况，一些运营者开始继续根据粉丝的需求去做运营，希望能够继续升华粉丝对运营者账号的情感。在这种运营尝试下，不少运营者依靠优质内容和情感营销，让粉丝的情感再次升华，粉丝对账号的满足感开始转变为归属感，在这个阶段，粉丝忠诚度极大提高，成为运营者账号的忠实粉丝。

当前，许多抖音红人即使没有按照固定周期更新内容，依然会有许多粉丝默默等待，这些“追更”的粉丝就是账号的忠实粉丝。一些粉丝在心情不佳或闲暇无聊时，会选择打开抖音刷一刷自己的关注，因为通过浏览这些内容，能够让他们在虚拟的网络世界中，找到一种情感上的寄托。

当粉丝的情感从满足感升华到归属感时，粉丝不仅会持续“追更”运营者创作的内容，同时还会自觉转发分享这些内容。这种粉丝传播的方式可以帮助运营者进一步进行精准引流，对于打造自身IP矩阵也很有帮助。

在提高粉丝忠诚度时，运营者应该根据粉丝需求来及时调整自己所发布的内容。在这一方面，不同细分领域的抖音运营者在面对不同的粉丝需求时，所需要进行的调整是多种多样的，没有一个固定的方法论可以“一言以蔽之”。但从粉丝需求和内容营销的角度来看，运营者在通过内容营销来“精准引流”，并提高粉丝忠诚度时，需要做好以下几方面的工作。

首先，一个基本要求就是运营者的内容要契合粉丝基本需求，这样才能让粉丝产生情感上的共鸣，从而吸引粉丝继续期待自己的后续内容。

其次，运营者需要让粉丝感受到内容中的价值，让粉丝觉得这些内容能够为他们带来益处，从而满足他们在生理和心理上的各类需求。

最后，运营者还要让粉丝在内容中感受到自我，让粉丝觉得自己得到了关注与重视，这样才能升华粉丝的情感。

5.3 多账号角色的定位

5.3.1 各司其职，相互关联

在抖音平台上做矩阵，矩阵的基础框架一定要搭好。具体到内容上，就是首先要把矩阵中多个账号的角色定位确定好。

前面提到过几个具体的矩阵运营实例，其中包括“什么值得买”账号矩阵，以及“蘑菇街”账号矩阵。从这两个比较典型的账号矩阵中可以发现，它们矩阵中账号在角色定位方面做得都比较好。各个账号既存在着相互关联，同时又都有各自明确的职能划分，街拍的专注街拍、介绍美食的介绍美食，彼此间相互配合得很好。

这就是在抖音平台上搭建矩阵的基本要求，简单总结就是“各司其职，相互关联”。

运营者在搭建抖音账号矩阵时，首要一点是保证矩阵中的账号是存在着一定关联的，只有这样，多个账号才能构成一个稳定的矩阵。

从“蘑菇街”抖音账号矩阵来看，其矩阵内各个账号都共同隶属于潮流时尚这一大主题之中，无论是服装搭配，还是妆发技巧，都是这一主题中的细分内容。即使是以街拍为主的“菇菇来了”，也主要聚焦于服装搭配方面内容的采访。虽然“蘑菇街”矩阵中的账号很多，但都没有离开潮流时尚这一大的主题，这正是矩阵中多账号的关联性所在。

运营者搭建抖音账号矩阵，除了做到多账号相互关联外，还需要确保矩阵中的账号可以“各司其职”。

运营者打造抖音账号矩阵的一个重要目的就是更大范围地吸引粉丝，同时利用不同账号来进行粉丝引流。想要做到更大范围吸引粉丝，就要扩大账号的粉丝覆盖范围。这个时候，区分抖音账号的内容就很有必要了。

以“什么值得买”抖音账号矩阵为例，其矩阵中的“城市不麋鹿”和“吃喝冒险王”账号的内容主题分别是城市旅游和城市美食，再加上“什么值得买”账号的城市购物内容，这一矩阵中的账号在内容主题上正好做到了“各司其职”。

除了“各司其职”外，他们还形成了很好的内容互补。如果用一个账号做这三方面内容，会导致账号专业程度不高，不容易让粉丝信服。使用矩阵就能完美地避开这个问题，在聚焦内容主题的同时，将内容做得更加深入，让内容更能吸引粉丝的注意力。

一些抖音账号矩阵在运营中效果不佳，很多就是因为其在多账号角色定位时，没有做好内容主题划分和关联性搭配。这样的矩阵不仅无法形成更好的协同效果，就连单个账号都没办法运营好。

5.3.2 定位技巧，矩阵更稳

抖音运营者如果想要通过账号矩阵来做抖音，在最初的多账号角色定位阶段，可以应用一些技巧，来迅速实现粉丝积累。同时，遵从一定的准则去定位账号角色，也能保证抖音账号矩阵更为稳定。

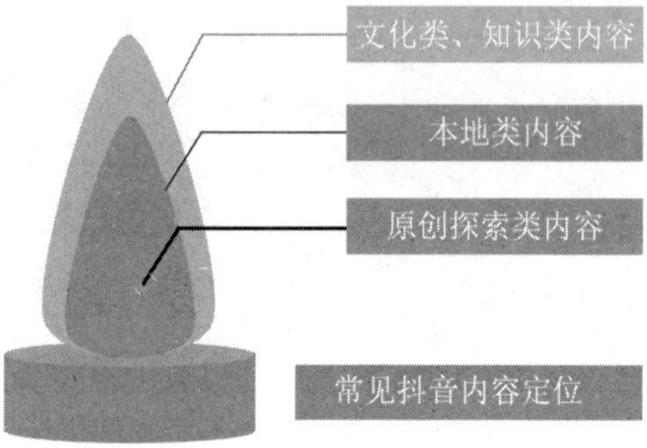

当前，抖音平台上，运营者在做矩阵运营时，普遍存在一个问题：最初在运营者手中有可能有5到6个账号，账号内容也定位于不同的细分领域。但随着内容运营的展开，运营者手中的活跃账号越来越少，最后矩阵中有粉丝活跃度的账号就剩下1个或2个。

抖音平台上这种现象十分普遍，一方面这可能是运营者“广撒网”所带来的弊端，另一方面则是运营者在账号内容定位时没有做到位。不少运营者抱怨矩阵运营的多账号内容定位很难，根本不知道从哪里入手。

从当前抖音平台上账号的内容来看，确实存在着诸多细分的内容领域，而且从热门视频推荐来看，不同类型的内容都会有所展示。这可能是矩阵运营者抱怨“定位难”的一个原因，但其实，如果了解抖音的推荐机制以及抖音粉丝的整体画像，确定矩阵账号角色定位并没有那么难。

下面简单介绍一些抖音账号矩阵中，多账号内容定位的小技巧，运营者可以根据自己的实际情况来选择更适合自己的定位。

1. 无论是在哪个新媒体平台上，文化类、知识类的内容都是主流

抖音的推荐机制非常看重正能量、文化类的内容，在流量方面也会更多倾斜于这些内容。那些传承中华传统文化，切合社会主义核心价值观的内容，在抖音平台上更容易获得推荐。

基于此，抖音矩阵运营者可以适当在矩阵账号中增加文化类、知识类内容，如果运营者在这些方面拥有独到的能力或积累，也可以将其作为主要账号来运营。借助于流量优势，如果内容确实优质，运营者就可以迅速完成粉

丝积累，从而为后续矩阵账号引流打下坚实基础。

2. 本地内容更容易实现吸引地缘粉丝，也更容易实现商业变现

当前，抖音平台中的本地账号大多在围绕“吃、喝、玩、乐”等方面做内容，这是一种比较讨巧的做法。

一方面，本地商家对于线上营销的需求较为急切，抖音运营者做本地账号可以更好地与本地商家展开合作。如果运营者所掌握的本地账号拥有较多粉丝，还能够利用植入商家广告等方式来实现价值变现。另一方面，借助于抖音平台，可以将本地内容以多样化的形式呈现。在众多本地内容形式中，探店和测评是两个较为主流的形式。

运营者通过矩阵运营来做本地内容，也比较容易进行多账号内容定位。最为简单的“吃、喝、玩、乐”的内容就可以用2个或3个账号去做。同时，由于本地内容账号的粉丝群体范围较稳定，如果内容做得足够优质，很容易完成从粉丝积累跨越到粉丝忠诚阶段。

基于这些原因，将矩阵账号内容聚焦于某个地区，也是一种不错的定位技巧。不过，从当前看，抖音平台上做本地内容的运营者比较多，竞争也比较激烈，矩阵运营者也需要考虑这一问题。

3. 依靠噱头来激发粉丝好奇，定位原创探索类内容

相比于前面提到的两种矩阵运营定位技巧，最后这种技巧应用的并不多，但如果运营成功，效果一定会比其他内容要好。

如果矩阵运营者想要做原创内容，可以尝试做一些探索类、揭秘类内容。比如，在矩阵账号定位时，可以以“北京奇妙物语”来进行账号命名。这类有噱头的名称能够在第一时间吸引粉丝的注意力，随后借助优质的原创内容，可以取得不错的“吸粉”效果。

上面提到的这些矩阵账号定位技巧，并没有好坏优劣之分，对于运营者来说，还是要看哪个更适合自己，或者说自己更喜欢做哪方面的内容。

5.3.3 各账号目标人群的界定

在抖音账号矩阵运营中，目标人群的界定是十分必要的。一些运营者在做矩阵运营时，认为多账号运营可以覆盖较大范围的粉丝群体，对于单个账号的目标人群就没必要再去仔细界定，毕竟在账号间“引流”时，账号的粉丝群体也会出现改变。

这种观点虽然考虑到了账号间的“引流”问题，但对矩阵间账号目标人群界定问题的认识却是比较片面的。

矩阵运营确实可以扩大粉丝群体的范围，但这并不意味着所有在矩阵范围的粉丝群体，都会成为矩阵账号的粉丝。在粉丝眼中所看到的并不是结构严正的矩阵框架，而是矩阵中一个个相对独立的抖音账号。所以说，与粉丝群体展开交流的是矩阵中的一个账号，而不是整个矩阵。

这样看来，界定好不同账号的目标人群就显得非常有必要了。前面提到过想要更好地“吸粉引流”，就要首先确定账号的目标粉丝群体。在确定目标粉丝群体之后，才能进一步确定目标群体的需求要点，然后再展开相应的内容营销策略。

在界定矩阵账号的目标人群时，可以按照粉丝类型来进行划分，细分程度越高，针对性也就越强。

在“蘑菇街”抖音账号矩阵中，从整体来看，其账号矩阵所对应的目标粉丝人群是年轻的女性群体。看上去“年轻女性群体”已经算是一个比较细分的粉丝类型了，但继续分析其抖音矩阵中的账号就会发现，“蘑菇化妆师”所聚焦的目标粉丝群体是热衷学习妆发技巧的年轻女性，而“蘑菇搭配师”所聚焦的更多是对服装搭配感兴趣的年轻女性。

可以看到，“蘑菇街”抖音矩阵中的账号对目标粉丝群体的界定非常明确。虽然具体到单个粉丝，一位年轻女性可能既热衷于学习妆发技巧，也对服装搭配很感兴趣，但这丝毫不会影响到矩阵中账号对目标粉丝群体的界定。

界定矩阵账号目标粉丝群体是运营者的工作，而不是粉丝的工作，这项工作往往在矩阵账号定位时就已经完成了。一般来说，当运营者确定某个矩阵账号要做某类内容时，与此内容相关的目标粉丝群体就已经确定了。

如果运营者在界定矩阵账号目标粉丝群体时，发现同一矩阵中不同账号的目标粉丝群体是一致的。这种时候，运营者需要重新审查是否在矩阵账号定位时出现了问题，两个矩阵账号的内容定位是否存在较高的一致性。如果确实存在较高的一致性，就需要及时调整某个矩阵账号的内容定位，不然就会出现运营者自己与自己竞争的局面。

更好地界定矩阵中账号的目标粉丝人群，不仅能够帮助运营者更加清楚地了解整个矩阵所覆盖的粉丝群体范围，同时还能够帮助运营者及时调整账号内容定位时出现的偏差，提升矩阵运营的效果。

5.4 矩阵模式的选择

5.4.1 垂直细分是关键因素

在众多抖音账号矩阵中，垂直细分领域的抖音矩阵是较为常见的一种。这种抖音矩阵将内容定位于垂直细分领域，再根据人群属性和内容属性，将账号定位继续细分，从而让矩阵账号的定位更加精确，目标人群也更加细致。

抖音平台上的垂直细分领域非常多，不同领域的内容差异往往也比较大。一般来说，抖音运营者在选定垂直细分领域时，可以从以下三个方面入手。

1. 专业技能类细分领域

此类垂直细分领域包括设计、开发、语言、工程、金融、营销、投资等内容，这些内容大多是一些专业类技能，选择此类细分领域做内容，需要具备一定的专业知识储备。

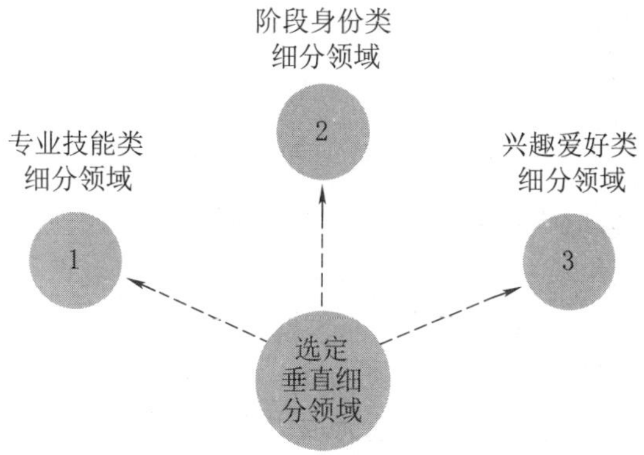

大多数粉丝选择关注此类内容，更多是为了增长知识、提高能力。因此，此类细分领域的内容更多是教学类、指导类，不太容易去创造新的内容形式。

2. 阶段身份类细分领域

此类垂直细分领域包括婚姻、育儿、装修、看病、考试、留学等内容。对于粉丝来说，在还没有经历这些阶段，或是还没有成为某种身份之前，对于这一类领域的内容并不了解，也没有太大兴趣去了解。但当粉丝一旦进入这种身份，或经历这些阶段时，他们对这些领域中的内容就会产生极大的渴求。

抖音运营者在做矩阵运营时，如果想要将矩阵定位于阶段身份类细分领域，就一定要注意各个矩阵账号间的关联。如果账号内容定位彼此缺少关联，整个矩阵就会显得松松垮垮不稳定。如果账号内容定位跨度较大，也会为后续矩阵运营带来不小的麻烦。

3. 兴趣爱好类细分领域

此类垂直细分领域包括美妆、军事、游戏、动漫、汽车、健身、运动等内容。相对于前面两种类型的垂直细分领域，兴趣爱好类的细分领域在范围上更加广泛，所覆盖的粉丝范围也更广泛。

可以说，每个年龄阶段的粉丝都能够成为这一类垂直细分领域的目标粉丝。即使粉丝年龄的上长，他仍对原有兴趣领域的内容也会依然感兴趣。

对于运营者来说，选择兴趣爱好领域做矩阵，矩阵账号吸粉的难度并不大。但想要做好多个兴趣爱好细分领域的内容，却不是一件容易的事。这种情况下，多人运营矩阵要比一人运营矩阵更轻松一些。

在垂直细分领域中做矩阵，最大的一个优势在于可以精确定位目标粉丝群体。在垂直细分内容领域，粉丝往往具有相同的标签，而且不同细分领域粉丝的特征也非常明显。

如果将时间倒退10年，做垂直领域内容可能并不容易。但到现在，在移动互联网时代，粉丝可以通过软件来获取多种多样的信息，越来越多的垂直应用可以满足用户的需求。正是在这种趋势下，粉丝才逐渐养成了在垂直领域中获取内容的习惯。

在垂直细分领域中进行矩阵运营，既有其优势，也有明显的困难。运营者在做出决策之前，应该充分考虑这两方面的因素，结合自身实际情况，权衡利弊之后再做出选择。

5.4.2　单个账号做深度内容

当前，抖音已经走过了流量红利期，开始向内容红利期发展。这是大多数新媒体平台发展的一个必然趋势，随着抖音平台中的竞争日趋激烈，内容质量已经成为决定运营成败的关键因素。

面对这一新的形势，抖音矩阵运营者也需要在内容方面多下功夫。这时候，相对于将力量均匀分配到多个账号之中，倒不如集中力量去做好单个账号的内容，然后再利用这一账号向其他账号引流。

矩阵运营者在账号运营时，需要首先选择一个可以深挖内容的大号，将这个账号中的内容做得足够深、足够精，这样才能更好地吸引粉丝关注。在稳固了矩阵中的大号后，再去考虑账号间的引流问题。

当前，抖音平台上的内容已经进入到同质化时代，即使是细分的垂直内容领域，也已经挤满了内容创业者。

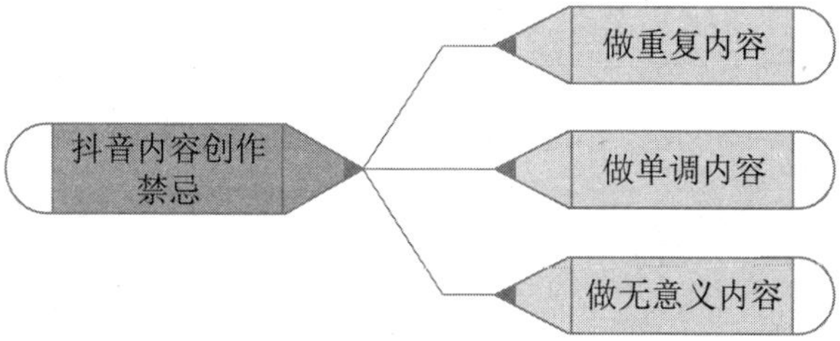

“内容千篇一律”“同一首背景音乐听到想吐”“刷到停不下来，但想想根本是一无所获”，这是大多数抖音粉丝的心声。同质化内容在很大程度上影响了粉丝的浏览体验，如果这种情况出现在矩阵账号中，还有可能会影响到矩阵中其他账号的传播效果。

矩阵中单个账号做深度内容，就是为了摆脱内容的同质化问题。在这一方面，原创视频内容毫无疑问是首要选择，当前抖音平台的热门视频几乎毫无例外都是原创类内容。同时，这些原创内容还具有较强的不可复制性，很难被其他运营者抄袭、复制。

相对于大面积撒网式矩阵运营，单个账号做深度内容的模式，更能够精准吸引粉丝关注。尤其在抖音平台流量红利逐渐消退的今天，缺少内容深度的账号，只会淹没在账号洪流之中。

随着抖音平台上同质化内容的增多，粉丝也越来越挑剔。此前，由于抖音内容较少，粉丝还愿意看一看相似内容，但随着抖音内容的指数级增长，现在的粉丝根本不愿意在相似内容上花时间，他们只需要轻轻一划，就可以过滤掉这些内容。更何况，在抖音推荐机制的作用下，大多数同质化内容根本无法送到粉丝的面前。

想要从纷繁复杂的同质化内容中脱颖而出，矩阵运营者必须要更深层次地探索垂直领域内容。那些依然聚焦于流量而忽视内容深度的运营者，必然会在新一轮的竞争中落入下风。

第6章 SIX

“蜂王”经济，变现更简单

6.1 重新定义粉丝

6.1.1 粉丝是什么

粉丝一词，最早来源于音译的“fans”，主要指崇拜明星、艺人的群体。粉丝大多为年轻人，最早主要是追逐歌星、影星等，所以粉丝在最初常被称为“追星族”。

到了现在，粉丝追逐的目标已经不再仅仅是明星了，粉丝追逐的目标范围不断扩大，粉丝一词所指代的范围也增大了许多。

现在的粉丝已经脱离了“追星族”，而变成了具有更普遍意义的“支持者”。最早在百度贴吧中，粉丝就是吧主的支持者。在新浪微博中，粉丝则是关注博主的人。而在抖音等App平台上，粉丝则是喜爱抖音创作者的人。

伴随着互联网的普及，越来越多的人使用互联网沟通，粉丝的规模也呈现出爆炸式增长。没有一个确切的时间点，也没有一个显著的征兆，粉丝成为一种趋势和潮流，好像就是一夜之间的事情。

真正让粉丝聚集在一起，并且逐渐有较大影响的，应该是百度贴吧的出现。贴吧的出现，让更多具有共同爱好的人聚集到一起。他们有的喜欢同一个明星，有的爱看同一种动画，有的喜欢同一种运动，每一个人似乎都可以在贴吧中找到自己所属的社区。

虽然在贴吧出现之前，互联网上就有一些专业社区，这些社区上也聚集着许多具有相同爱好的人。但在当时的情况，与贴吧所带来的粉丝集聚效应相比，其他论坛对粉丝所带来的影响都是十分有限的。

在百度贴吧掀起互联网"社区热"之后，越来越多的互联网社区开始出现。QQ空间、人人网、新浪微博、微信公众号、斗鱼直播、抖音短视频等平台，为粉丝提供了更好的互动空间。

借助各类互联网社区，粉丝的规模和数量不断壮大。当粉丝与流量开始挂钩时，粉丝也就从单纯的"支持者"变成意义更为复杂的群体，由此而来的"粉丝营销""粉丝经济"，更是让粉丝的意义和价值一下子达到了一个新的高度。

从最初的"追星族"，到现在的"全民皆粉丝"，由粉丝所带来的社会变革正在持续不断地推进。在这个过程中，粉丝的价值也在持续不断地发挥作用。

6.1.2 粉丝的价值

谈到粉丝的价值，热衷于粉丝营销的运营者自然深谙此道。想要了解粉丝的价值，粉丝经济是不能绕过的概念。

从当前互联网发展的程度来看，粉丝经济已经不再像早期那样神秘莫测，在当前互联网时代，粉丝经济已经走下神坛，飞入了"寻常百姓"的家中。

粉丝经济被认为是一种在粉丝和被关注者关系之上的经营性创收行为，主要通过提升用户黏性，并且以口碑营销的方式来获取经济效益。

最初，粉丝经济大多发生在明星偶像和粉丝之间。在音乐产业中，粉丝会购买歌星的专辑，并且愿意为明星签名专辑付出更多的金钱。在影视产业中，粉丝会购买明星的海报、电影票，以及明星所代言的产品。

现在，粉丝经济在具体表现形式上已经与之前大为不同，虽然购买专辑、电影票和代言产品依然是重要的表现形式，但在互联网时代，粉丝流量变现已经成为粉丝经济最为主要的一种表现形式。

粉丝流量变现的形式多种多样，粉丝流量之所以能发挥作用，就是因为它具有固有的价值。而影响粉丝流量变现的一个硬性指标则是粉丝的规模。

在抖音短视频平台上，除了那些明星大腕拥有千万级粉丝外，还有一些短视频制作者也有着上千万粉丝的关注。

从2019年2月的抖音数据来看，粉丝数量排在第一位的是演员迪丽热巴，其粉丝数量为5588.3万，粉丝数量排在第二位的是演员陈赫，粉丝数量为4944.4万，而排名第三位的则是名为“会说话的刘二豆”的短视频制作者，其粉丝数量为4491.8万。

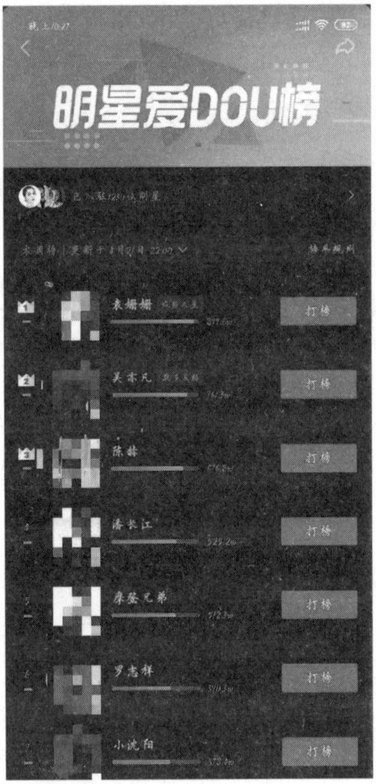

粉丝在抖音上为明星打榜

从这种最为直观的数据可以看出，即使是此前毫无名气的普通人，也可以通过积累粉丝而与明星一样聚集超高人气，这似乎就是粉丝的价值所在。

谈到粉丝的价值，名气算是一个方面，但更为重要的，也是大多数粉丝营销运营者所追逐的价值则是流量和变现。

一个最为直接的例子，在里约奥运会期间，中国游泳运动员傅园慧在接受采访时，以幽默的语言和丰富的表情赢得了观众的喜爱。在获得女子100米仰泳铜牌之后，几天时间傅园慧的微博涨粉无数，粉丝总数突破400万。

此后傅园慧不仅接到了各种广告商的

邀约，淘宝平台上与傅园慧相关的表情包、镜架和泳帽更成了热销爆款。不得不说，这就是粉丝的价值所在。

在抖音短视频平台上，粉丝数量达到一定规模后，便可以通过粉丝流量实现价值变现。在这种价值变现过程中，原本抽象的粉丝价值开始具象为物质价值。

现在根据一定的统计方法，抖音短视频制作者可以轻松计算出自己抖音号的估值，这种估值即可以看成是粉丝价值的一种具象表现。

6.1.3 粉丝与品牌

说到粉丝经济，苹果和小米是不得不提的。苹果和小米品牌形象的建立，与它们所进行的粉丝营销活动是分不开的。

苹果和小米都是粉丝经济时代的代表性企业。这些企业通过一款或几款产品打动特定消费者，吸引一批对品牌具有极高忠诚度的粉丝，然后再针对粉丝的独特需求开发出更有针对性的产品，让粉丝贡献出更多的价值。

在粉丝经济时代，一个品牌如果没有粉丝的拥趸，很难在残酷的市场竞争中生存下去。放眼商业市场，那些有一定规模，具有较强实力的品牌，都拥有固定的粉丝群体。“果粉”“米粉”正是粉丝与品牌之间关系最好的见证。

在抖音短视频平台上，海底捞借助“抖音吃法挑战”吸引了大量粉丝关注。粉丝们不仅在抖音平台上点赞转发，更是亲自前往海底捞线下店面尝试“抖音吃法”。据统计，在此次营销过程中，抖音线下店面的客流量出现了显著增长。在抖音短视频平台上出现过的食材销量也出现了大幅增长。

除了企业需要依靠积累粉丝来打造品牌，个人也需要累积粉丝来创造品牌。在自媒体日益火热的今天，依靠积累粉丝打造个人品牌成了大多数自媒体创业者的共同选择。

抖音短视频平台就是一个打造个人品牌的主流平台，近年来，抖音呈现出迅速发展的趋势，除了用户数量持续增长外，短视频制作者的规模也不断扩大。与此同时，越来越多优秀的短视频制作者在累积粉丝的过程中，形成了自己的专属品牌，而这一品牌则成为其实现价值变现的最根本保证。

“一禅小和尚”是抖音平台上的超级网红，截至2019年3月，其粉丝数量已达到4433万，获得点赞数也超过了2.1亿。

“一禅小和尚”并不是一个真实存在的人，而是一部网络动画中的主人公。在这部动画中，小和尚一禅是个聪明伶俐，对什么都充满好奇的小男孩，每集故事中，阅历颇深的老和尚都会为他讲解一些做人做事的道理。

这个简单的故事，简单的人物，在抖音平台上获得了近千万的关注。由此，一禅小和尚也从简单的动漫主人公，成了一个优质的IP，或者说是品牌。近年来，与其相关的图书和实物等周边产品也大火起来。

正是粉丝的拥趸让“一禅小和尚”逐渐成为备受关注的品牌符号。借助这一品牌符号，制作者可以将其开发成多种不同的产品，出于对“一禅小和尚”的喜爱，粉丝自然也愿意为其买单。

这正是短视频制作者在抖音平台上塑造品牌、实现价值变现的一个最好例证，除了短视频制作者需要通过平台来塑造品牌，那些具有一定品牌号召力的明星也在通过平台来不断提升自己的品牌价值。

从2019年2月的数据来看，明星迪丽热巴的粉丝数暂列排行榜第一位。在抖音短视频平台上，迪丽热巴会分享一些自己的舞蹈，也会发布问候粉丝的话语，这些视频的平均点赞量都超过了百万，转发量也大多破万。可以说，这在一定程度上扩大了迪丽热巴的个人品牌影响力。

通过抖音短视频平台，明星可以与粉丝更近距离地接触，也不必只局限在影视镜头中表现自己。很多明星通过短视频平台，展现出了与其在影视剧作中的不同形象，收获了大量粉丝，这也在一定程度上提升了其个人品牌的价值。

当前，抖音等短视频平台已经成为打造品牌的重要渠道。反过来说，想要在短视频平台上实现价值变现，积累粉丝塑造品牌价值也成为大多数短视频制作者的必经之路。

6.2 粉丝分类及特点

6.2.1 粉丝画像

对于自媒体运营者来说，粉丝画像是一种重要的分析工具。通过粉丝画像，自媒体运营者可以调整自身的运营策略和运营方法，从而更好地吸引粉丝关注。根据粉丝画像，运营者能够更为精准地定位到自己的用户人群。

一般来说，粉丝画像主要包括粉丝趋势、性别分布、年龄分布、地域分布、星座分布、词云图等多项指标。粉丝画像中的指标数据越多，越能够更好地定位到精准的用户群体。一般来说，粉丝趋势、粉丝性别分布、粉丝年龄分布和粉丝地域分布是粉丝画像中较为基础的数据指标。

通过粉丝性别分布，运营者可以知道自己发布的内容更吸引哪类人关注。如果更吸引女性关注，且运营者的目标人群就是女性用户群体，那运营者就可以继续制作一些优质内容来增加用户的忠诚度。如果运营者的目标人群是女性群体，但从粉丝画像来看，关注的人更多是男性，那运营者就需要分析一下是哪里出了问题，然后再决定如何去调整内容。

通过粉丝年龄分布，运营者可以知道自己的内容比较吸引哪个年龄层关注。然后，运营者可以按照该年龄层用户的特征，分析其对内容的具体需求，从而为后续内容制作提供依据。运营者还可以根据粉丝年龄分布数据，及时调整自身内容，吸引更多用户关注。

通过粉丝地域分布，运营者可以了解到自己的内容在哪个地域更受关注。在后续内容创作中，运营者可以加入更多相关地域内容，从而让用户有存在感，提高用户的忠诚度。

通过粉丝趋势，运营者可以更好地了解到一段时间里，粉丝变化的趋势，了解到粉丝在哪个时间段增加，哪个时间段减少。结合自身内容的发布时间，运营者可以更好地分析出内容对粉丝的影响究竟如何，然后再根据具体分析结果，适当调整自己发布的内容。

运营者除了要了解自己的粉丝画像信息，还需要了解平台的粉丝画像内容。

从当前抖音短视频平台的用户群体构成来看，在抖音平台上，24岁以下的年轻人占近70%，中年用户占比则非常少。这与另一个短视频平台快手存在着一定区别，因此，在开展运营之前，一定要首先了解自己所处平台的用户画像情况。

此外，在抖音平台上，女性用户群体占比要远高于男性用户群体，南方用户也要比北方用户更多一些。从抖音短视频平台上发布的视频内容来看，高颜值类和萌娃萌宠类视频的点击量和关注量都很高。除此之外，还有一些实用性内容和独特才艺类视频内容也容易受到用户关注。除了这些内容外，抖音平台上还有许多其他的内容，但在数据整体表现上并不如上面提到的几大类内容。

萌宠类优质内容在抖音平台上的受关注程度非常高。作为抖音平台上重要的垂直领域内容，萌宠类优质内容的关注者也具有一些共同特征，其用户画像主要表现为女性用户占比较高、低龄化特征明显、原创类视频内容为主。

生活技能类优质内容也备受关注。一些内容创作者在抖音平台上通过实用生活技能分享来持续不断生产高质量内容，赢得了大多数女性粉丝的喜爱。在具体地域上，北京、广州和深圳等地区的粉丝更关注生活技能类内容。

在绘制粉丝画像时，及时掌握更多粉丝的特征信息是重要环节。想要将粉丝的画像绘制得更为精确，就需要全方位记录粉丝特征。当前，可借助多种不同工具来绘制粉丝画像，运营者只需要选择更适合自己的工具即可。

6.2.2 粉丝特征属性

关于粉丝特征属性，在上一节中我们已经介绍了许多，包括性别、年龄、地域、星座等都属于粉丝的特征属性。对于抖音运营者来说，了解了粉丝的特征属性，只是抖音运营的第一步，也是基础的一步。抖音运营的关键在于合理分析这些已知的粉丝特征属性。

抖音运营者没有办法直接获得抖音短视频的实际用户数据和属性，但可以通过互联网数据平台来对抖音用户进行分析。

下面我们以抖音平台运营者“会说话的刘二豆”为例，来详细了解一下粉丝画像的具体内容。

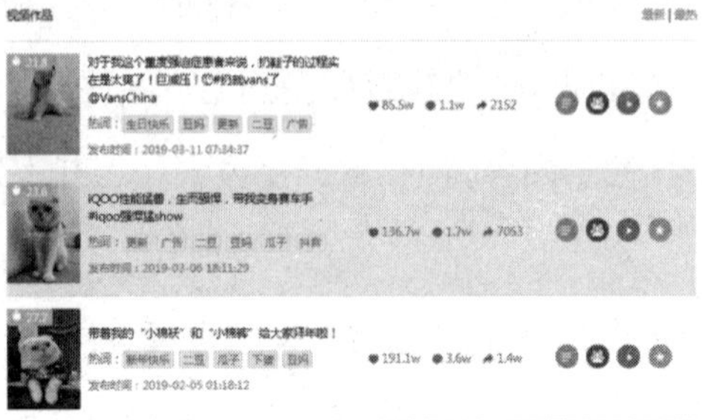

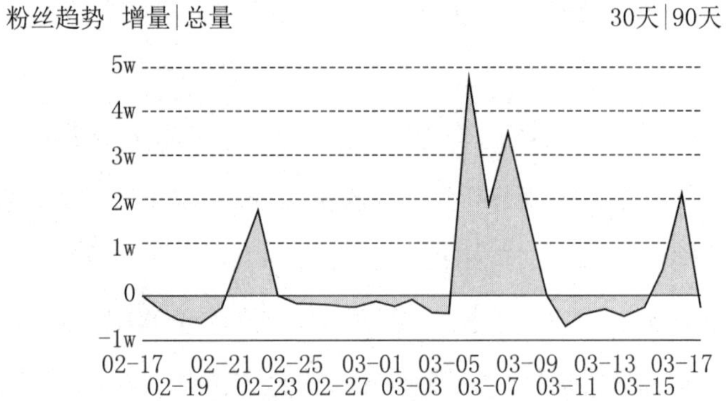

首先是粉丝趋势分析。可以看到，近30天中，其粉丝数量在3月6日出现大量增长，而在此前2月24日到3月5日之间，粉丝数量是在不断减少的。再结合内容发布时间来看，显然，在2月5日到3月6日之间，“会说话的刘二豆”并没有发布视频内容，所以粉丝数量出现了下降。而在3月6日，发布视频之后几天，粉丝数量开始上升。可见，内容发布的持续性对粉丝数量变化存在较大影响。

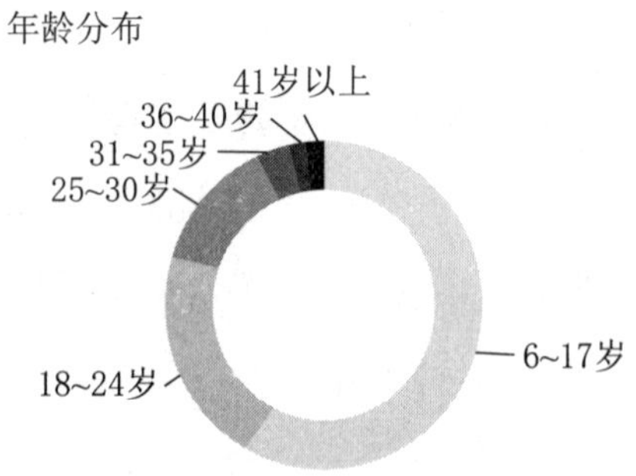

其次，从粉丝性别和年龄分布来看，女粉丝数量稍多于男粉丝，6到17岁的粉丝数量占比超过50%。从这两项数据分析来看，青少年更喜欢运营者发布的视频，在男女比例上差距并不明显。因此，在制作视频内容时，加入一些青少年追求的元素，更能够提高用户的忠诚度。

地域分布　　省份|城市

名称	占比
广东	8.74%
江苏	7.61%
河南	7.59%
山东	7.18%
河北	6.02%
浙江	5.71%
四川	5.33%
安徽	4.57%
湖南	3.80%
辽宁	3.47%

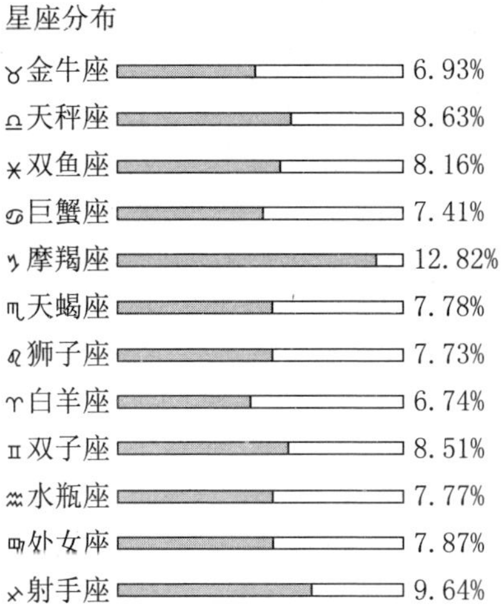

再次，从地域分布和星座分布来看，广东地区粉丝占比更多，而在星座方面，摩羯座粉丝相对更多一些。对此，运营者可以针对粉丝地域属性和星座属性，制作相应内容，来增加粉丝的忠诚。

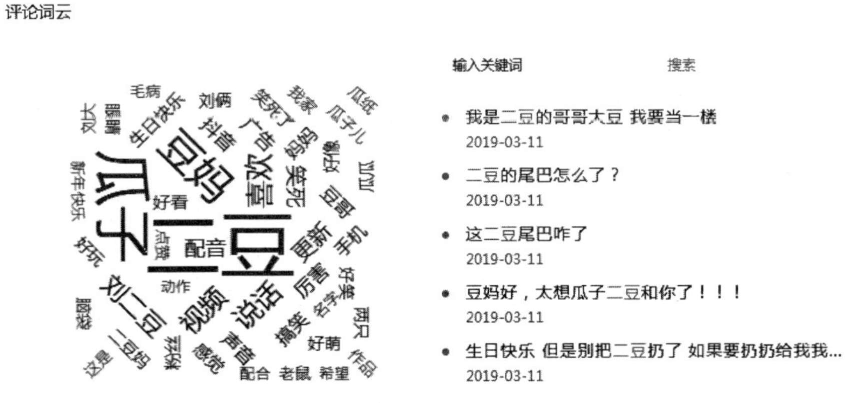

最后，在评论词云图上，运营者可以清楚地看到粉丝对内容的评论。对于评论中出现次数较多的词，在词云图中也会有着重显示。从上面的词云图来看，二豆、瓜子和豆妈是粉丝评论中出现较多的词语，通过旁边的详细评论也能够了解到粉丝真正关注的问题是什么。对此，运营者可以根据粉丝的具体问题，对自己的内容进行适当调整。

粉丝特征属性是粉丝画像中的重要因素，是构成粉丝画像的基本内容。对粉丝画像就像是画粉丝的眼睛等器官，能够表现出粉丝的喜怒哀乐和独特爱好。因此，在粉丝画像时，运营者需要注重对粉丝特征属性的选取，并认真分析其中内容，从而得出更为准确的分析结果。

6.3 思维方式的运用

6.3.1 粉丝思维

粉丝思维不同于用户思维，一些互联网企业往往将粉丝营销和用户运营放在一起来做，最终的结果可能都不会理想。

对于一家企业来说，从销售产品或服务方面来讲，粉丝和用户的区别其实并不大，他们都是目标受众。但如果从具体运营来说，用粉丝思维去做用户运营可以，但靠用户思维去做粉丝运营可能就不那么妥当了。

用户思维和粉丝思维的最明显区别在于，用户更为理性，更多时候他们可以自行思考。粉丝则不同，粉丝更倾向于依靠感情去行动，也更愿意群体行动。简单来说，用户思维更多体现的是服务，而粉丝思维更多体现的是吸引。相对于用户，粉丝更愿意为运营者买单。

有人将粉丝思维比作为“领头羊思维”，认为粉丝和运营者的关系就像是蜜蜂与蜂王的关系一样，蜜蜂既是蜂王的忠诚护卫，又是蜂王的传播者。

对于运营者来说，拥有了粉丝，也就拥有了品牌的消费者和捍卫者。粉丝必然是认同运营者品牌和产品的，他们愿意为运营者的品牌和产品“大声呼喊”、免费宣传，这一点是大多数用户做不到的。如果非要将用户和粉丝相结合，那粉丝一定是最热情、最忠诚、最专业的用户。

运营者在做运营时，一定要有粉丝思维，一定要着力培养自己的粉丝群体。在抖音平台上，衡量运营者价值高低的一个重要标准就是粉丝数量。平台上的运营者众多，但真正能够成为抖音红人的只有那么几个。

仔细分析那些拥有大量粉丝的运营者，可以发现，这些运营者无一例外都在用粉丝思维来做运营。他们的内容创作，都是针对特定的粉丝群体所进行的。大多数成功的运营者都是在垂直类细分领域中进行创作的，这样受众群体更加集中，粉丝也更容易集聚起来。

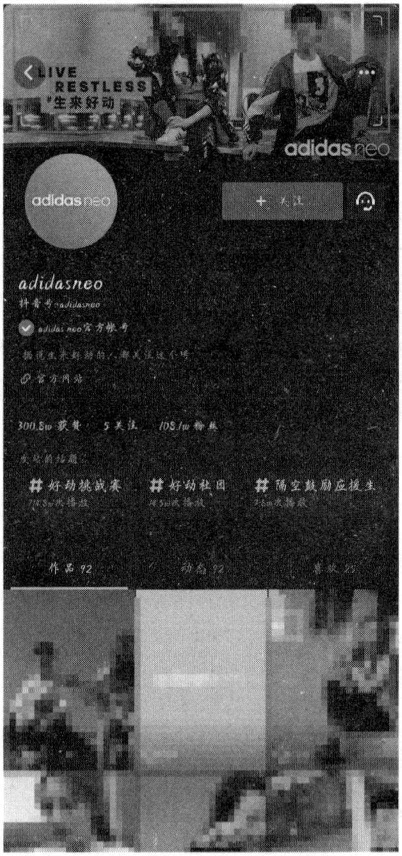

adidas neo官方抖音号

依靠粉丝思维，在抖音平台上，运营者创作的内容更容易形成病毒式传播效应。用户在接触到产品后，可能不会自发为产品宣传，但粉丝不同，粉丝会成为产品的免费宣传员。这一点在明星粉丝群体中表现得尤为明显。

抖音平台上的短视频制作者在粉丝运营方面的功力，显然比不上抖音平台上的企业品牌。随着抖音平台的火热，越来越多的企业选择通过抖音来进行品牌营销。相比于寻找更为成熟的用户，大多数企业更希望通过抖音平台寻找到年轻化的粉丝。

adidas neo在2018年1月入驻抖音平台，并在3月份开通了品牌主页，由此开始了自己的抖音平台粉丝运营之路。仅仅一个月时间，adidas neo就累积了120多万粉丝，其上传的视频播放量也达到了1.5亿。

作为面向年轻人的运动品牌，抖音平台庞大的年轻人用户群体无疑为adidas neo提供了更为广大的受众流量池。在这种粉丝化程度较高的平台上，adidas neo很容易获得粉丝的关注和支持。

在抖音平台上做运营，粉丝思维是不可或缺的重要思维。不仅在抖音平台上，在当前粉丝经济时代，所有运营者都需要具备粉丝思维，用各种方法去累积粉丝。

6.3.2　痛点思维

所谓痛点，就是人们在日常生活中遇到的各种无法解决的问题，这些问题常常让人陷入痛苦和烦恼之中。由于这些问题当事人往往无法解决，所以会长时间受其困扰。这个时候，当事人便会寻找其他方法去解决问题。

可以说，在日常生活中，痛点是无处不在的，每个人都会有痛点，无论是成功的人，还是历经失败的人，都不会例外。对于运营者来说，这种痛点往往是开展运营的关键要点，只要能够抓住用户的痛点，并为其解决、缓解或是转化，就可以获得用户的关注与支持。

痛点思维就是一种寻找并解决用户痛点的思维方式。一个最简单的例子，新手妈妈一个人带孩子，每天都手忙脚乱，孩子还没有照顾好，经常受到婆婆的责怪。这时候，你如果送给她一本《新手妈妈法宝：一手带娃娃，一手哄婆婆》，帮助她解决带孩子和与婆婆相处的问题，那么她就很可能会成为你的粉丝。

对于运营者来说，人们的每一个痛点都是一次机会。针对人们在生活中的痛点，运营者可以提出适当的解决方案，这种方案被认可后，运营者就会得到相应的支持。这也正是痛点思维的价值所在。

在日常生活中，抓住用户需求痛点，从而获得大量用户支持的例子比比皆是。马云所创造的阿里巴巴，正是依靠淘宝网解决了大量用户购物不方便、可选种类少、价格高的痛点，才逐渐建立起了电子商务王国。

共享单车正是解决了用户“短距离出行，公交不方便、打车费用贵、走路费时间”的痛点，才逐渐占领了城市的大街小巷。当然，当用户的这一痛点问题因为共享单车数量过多，而转变成为“单车供大于求、影响城市规划、乱摆乱放乱停”等痛点问题时，共享单车行业便开始逐渐萎缩。

这种痛点思维，在抖音短视频平台上，也是非常显见的。大多数运营者都在进行内容创作，这种时候，抓住用户的需求痛点就显得十分重要了。如果运营者能够找到抖音平台上用户“求而不得”的东西，就很容易获得大量粉丝的关注。前面曾提到的抖音运营者“会说话的刘二豆”正是依靠这一点而爆火的。

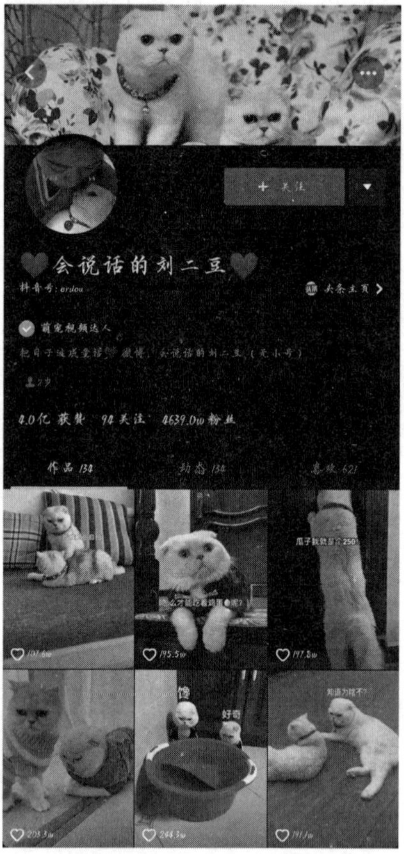

抖音达人“会说话的刘二豆”

作为萌宠类抖音账号运营者，“会说话的刘二豆”不仅在作品内容中展现了萌宠的趣味生活，更是根据宠物的具体表现，为其添加了独特的个性声音，正是这两点的结合获得了大量粉丝的喜爱。

养宠物的人大多数都喜欢跟宠物交流，但宠物并不能正常与主人交流，从需求角度来讲，“拥有一个能说会道的宠物”是每个爱宠人士的痛点需求。因此，当“会说话的刘二豆”创造性地将这个问题解决之后，就获得了千万级粉丝的关注。

抖音短视频是一个平台、一个载体，也是一个产品，其向运营者和粉丝提供双向服务。之所以能够受到运营者和粉丝的喜爱，很大程度上也是因为其解决了粉丝和运营者的痛点问题。

优质的内容运营者的痛点在于缺少直接与大量粉丝接触的机会，而粉丝的痛点则在于日常生活中缺少获取优质内容资源的途径。抖音短视频的出现，不仅为运营者提供了展示优质内容的平台，也为粉丝们提供了获取优质内容资源的途径。解决了双方的需求痛点，自然会得到双方的认可。

在运用痛点思维来做运营时，值得注意的地方在于，运营者需要做的是抓住用户的痛点，而不是为用户制造痛点、制造焦虑。此前，一些新媒体从业者在内容创作方面，依靠制造痛点、制造焦虑来获得用户认可和共鸣，虽然从吸粉效果来看很好，却并不是一种正确的做法。

6.3.3 爆点思维

在2010年，运营者只要花费很少的成本，就可以获得一个真实用户。但在2018年，即使是互联网行业的巨头，想要获得一个真实用户，也需要付出100元人民币以上的成本。

获客成本增加是互联网流量红利衰退的必然结果，对于抖音平台运营者来说同样如此。在抖音刚刚出现的一段时间内，获得粉丝关注并不困难，但现在，抖音的用户数量基本稳定，想要获得粉丝支持的难度也增加了不少。可以预想，在未来，想要通过抖音获得粉丝将会越来越难。

当然，获得粉丝的难易程度变化也并不是绝对的，在抖音平台上，也有很多后入场的运营者通过优秀的内容获得了大量的粉丝关注。相对来说，拥有优质内容资源的运营者在获取粉丝时会更加容易。而在运营时，拥有爆点思维的运营者，则更容易获得粉丝的支持。

想要了解爆点思维，首先要知道什么是爆点。爆点这个词，听上去与爆款似乎非常相近，实际上二者之间也确实存在着密切的联系。从商品销售层面上来讲，爆款是指商品在销售过程中供不应求，销量很高。而在这一层面上，爆点则是指使这件商品销量暴涨的一个原因。

所谓爆点，就是指产品或内容值得被用户关注，并广泛传播的话题点，从产品角度来讲，就是这件产品口碑的落脚点。爆点营销往往就是通过引爆话题点，来让内容或产品在较短时间内获得大量用户关注，类似于烟花爆炸的效果。

爆点思维就是在内容创作过程中，善于去挖掘能够被广泛传播的话题点和内容，引起大多数用户的关注。一个最为常见的爆点思维就是根据时事热点进行内容创作，在抖音平台上，一些运营者并没有集中在某一特定领域，而是专门根据社会热点来创作内容，同样获得了不少粉丝的关注。

在热播剧《延禧攻略》上线播出后，剧情内容引发了全民热议，剧中的服饰制作也在抖音上掀起一阵热潮。抖音运营者“非遗抖起来”连续在抖音平台上发布了三段视频，在介绍南京绒花的制作及历史时，同时介绍了《延禧攻略》中人物佩戴饰品的含义。

“非遗抖起来”延禧攻略

一系列视频获得了大量的点赞数，粉丝评论也非常活跃。

时事热点话题会时常更新，这为许多运营者提供了借助热点做营销的机会。即使是已经拥有大量粉丝基础的明星群体，也会选择运用爆点来为自己吸粉。

此前，在抖音“手势舞”大火期间，演员迪丽热巴就在抖音平台上传了自己表演的“手势舞”，吸引了大量粉丝的观看和效仿。一时间，“迪丽热巴手势舞”还成了热点新闻。这种爆点营销思维能够增加明星的曝光量，塑造明星的品牌形象。

想要运营好自己的抖音账号，爆点思维是必不可少的。运营者不仅要学会抓热点，更需要将热点内容与自己的内容巧妙结合，这样才能在“润物细无声”之中，创造出爆炸效应，为自己的账号吸引到更多的粉丝关注。

6.4 粉丝营销法则

6.4.1 圈层营销是基础逻辑

在粉丝营销活动中，圈层营销是一种重要而基础的营销逻辑。在大多数营销活动中，圈层营销往往是最先开展的营销活动。

在2019年，抖音推出了收集“音符”卡的活动。作为迎新年的活动，它对标的是已经开展近3年的支付宝“集五福”活动。

为了更好地为活动营销造势，抖音展开了一系列营销活动，首先选择的就是利用明星大V进行的圈层营销。

抖音新春红包活动

在活动一开始，蔡依林工作室在微博和抖音上发布了自己的抖音年度神曲MV，整首MV围绕“吸福”展开，释放出活动主题。

在蔡依林打头阵之后，抖音又邀请了许多KOL（关键意见领袖Key Opinion Leader，简称KOL）大号对活动进行转发扩散，正式将活动推向受众。

抖音选择蔡依林和KOL大号的意图很明显，就是因为这些明星和大V的粉丝忠诚度较高，覆盖的圈层比较广泛。通过蔡依林，抖音的“吸福”活动可以覆盖各年龄层、各圈层的粉丝，从而让活动在整个圈层中传播开来。

明星和大V已经积累了许多圈层粉丝，这一点是新手运营者所无法比拟的。但新手运营者却可以反其道而行之，通过圈层营销，来积累更多的圈层粉丝，从而保证粉丝的质量和忠诚度。

在抖音平台上做圈层营销，与在其他新媒体平台上做圈层营销，在战略上是大同小异的，其主要差别在于具体的营销方式上。

首先，在做圈层营销之前，运营者需要先对圈层进行定位。

具体来说，运营者需要先评估自己能够进入的圈子，总结这些圈子及其中成员的特征，从而了解不同的圈层成员能够为自己带来的价值有多少。这样做的目的是为了筛选出真正有价值的圈子。在抖音平台中不同的圈层投入同样的成本，为运营者带来的价值是不相同的。

其次，在评估完圈层之后，运营者还需要对自己的能力进行评估。

找到了优质的圈子，也明白了这些圈子中的成员能够为自己提供较高的价值，如果自己不具备吸引这些圈层成员的能力，贸然展开营销活动，只会白白浪费成本。运营者在进行圈层营销前，需要全面评估自己的核心能力。

在抖音平台上，运营者要具备短视频创作能力。作为一种核心能力，短视频创作能力在很大程度上也决定着运营者圈层营销的最终成果。除了这一能力外，运营者还需要考虑成本投入和效果回报等问题，如果营销投入成本过高，效果又不太好，就要重新评估选定的圈层是否妥当。

最后，圈层营销战略的制定是圈层营销成败与否的关键。

圈层营销战略需要根据圈层及其成员的特征去制定，一些运营者认为圈层营销的效果主要表现在传播上，其核心在于人脉关系。但实际上，在大多数新媒体平台上，圈层营销战略的核心更多在于运营者所树立的“个人品牌”。

在抖音平台上，这个“个人品牌”既包括运营者创作的优质内容，也包括运营者在抖音平台上塑造的个人特质。正是这些“个人品牌”在吸引着粉丝，推动着圈层中的粉丝相互转发、传播。

圈层营销做得好的运营者，能让自己的粉丝圈子越来越大。而圈层营销做得不好的运营者，则会让自己的粉丝圈子越来越小。

6.4.2 情感运营是关键所在

伴随着抖音平台用户规模的不断扩大，在激烈的竞争中吸引粉丝的注意力变得越来越不容易。

在互联网时代，用户的注意力被越来越多的新鲜事物所吸引，各行各业的运营者都需要想尽办法去吸引粉丝的注意力。但从具体效果来看，真正能够牢牢抓住粉丝注意力的运营者越来越少。

在众多营销策略中，情感运营成了获取粉丝关注的一出奇招。相比于平静寡淡的说教，着力调动粉丝情感，晓之以理，动之以情地打动粉丝，更能够帮助运营者获得成功。

情感运营是一种“走心”的营销方式，这种情感并不是表面上的寒暄关怀，而是从粉丝的情感需要出发，来唤起粉丝的情感需求，使粉丝和运营者之间产生情感上的共鸣。将情感融入营销运营可以让运营者与粉丝的关系更加温暖融洽。

在抖音短视频上做情感营销，与在微信公众号上做情感营销，在具体形式上有所区别。抖音平台上以短视频为主，更多需要通过短视频的形式去传递情感，相比于微信公众号可以通过大篇幅文章讲述一个情感故事，抖音短视频很难做到。但从另一方面来讲，抖音短视频本身就可以是一个完整的故事，其在表情达意方面的效果要远超过文字表达。

情感短剧是抖音情感营销的最主要形式，情感短剧大多会采用温情路线，将品牌内容与短剧主题相结合，在表达出品牌内涵的同时，为粉丝呈现完整的故事。

每年春节临近，像百事可乐、可口可乐等品牌，都会通过情感营销来引发用户的情感共鸣，其中最为主要的形式就是情感短剧。最初的情感短剧大多在门户网站上播放，随着各种新媒体平台的出现，这些品牌开始在各类新媒体平台上推出自己的情感短剧，抖音作为一个以短视频为主的新媒体平台，自然成为大多数企业品牌的首要选择。

在抖音平台上，企业品牌大多会优先选择通过情感营销来做运营。他们想要与粉丝在情感上建立稳固的连接，只有这样，才能保证粉丝的忠诚度，才能进一步让粉丝将这种线上的忠诚度转化成线下的购买力。在众多营销方式中，能够更好地做到这一点的，大概也只有情感营销了。

除了企业品牌，抖音平台上的个人运营者也有很多在尝试使用情感营销。一些细分的垂直领域运营者都会选择以情感运营来吸引并留住粉丝。很多时候，这种情感运营贯穿于运营者营销过程的始终。

一些萌宠类、萌娃类运营者，正是站在粉丝的角度，解决粉丝的情感需求，向粉丝展示萌宠、萌娃的趣味百态。这种日常运作正是基于对粉丝情感需求的把握，一些萌娃类运营者还会在运营过程中穿插实用性育儿方法，从而加深与同类型粉丝在情感上的连接。

在抖音平台上做情感营销，多与粉丝互动也是一种重要的方式。如果运营者能够认真回应陌生粉丝的评论，那很有可能这位陌生粉丝会因此转变成忠诚粉丝。运营者不能单纯将自己与粉丝的关系定义为一种买卖或供需的关系，而应该当成一种长期的朋友关系去运营。

能否做好情感营销的关键在于运营者是否能够在情感上满足大多数粉丝，尤其是那些运营者的目标粉丝。通过情感营销不断提高粉丝的满意度和忠诚度，可以防止粉丝的流失，更为主要的是能够最大限度地释放粉丝的价值。

6.4.3 参与感是激活粉丝的重点

对于新媒体平台运营来说，吸引粉丝、积累粉丝是一方面问题，留住粉丝、激活粉丝则是另一方面问题。圈层营销和情感营销的目的在于吸引并留住粉丝，而在激活粉丝这方面，打造粉丝的参与感是最为重要的一种营销手段。

2018年下半年开始，抖音短视频以一种迅雷不及掩耳之势席卷互联网。凭借着领先的智能技术和优质的视频内容，抖音吸引了众多粉丝和创作者，一些企业品牌也纷纷入驻抖音，以增强与用户之间的沟通。

抖音短视频的火热，很大程度上得益于其极强的参与感，每个人在观看别人创作的短视频时，还可以上传自己制作的短视频，这种形式本来就能为平台上的粉丝带来参与其中的感觉。抖音还推出了许多特色活动来进一步增强平台上粉丝的参与感。其中，“抖音挑战赛”就是一个参与感十足的特色活动。

“抖音挑战赛”是抖音的一种特色玩法，是抖音独家开发的商业化产品。“抖音挑战赛”既能通过有趣的表现形式和互动吸引用户参与，同时还可以全方位展示品牌内涵，增加品牌与用户间的交互。由于其强大的引流涨粉能力，一时间吸引了众多短视频创作者和企业品牌商的加入。

“网红界的文艺青年”江小白深谙抖音挑战赛营销之道，江小白在抖音上推出的“世界上的另一个我”挑战赛获得了超过2亿次的播放量，粉丝互动也超百万次，取得了极好的营销效果。

江小白的挑战赛规则并不复杂，只需要添加相关话题，并上传原创视频即可。视频内容为“对白天的自己比出‘X’手势变装，召唤夜晚另一个不一样的自己”。

江小白发起的抖音挑战赛

无论从规则上，还是从要求上，江小白的挑战赛都没什么“挑战”，但为什么还会有这么多粉丝参与呢？其中的关键就是参与感。

想要营造粉丝的参与感，就要让粉丝在情感上产生共鸣，让粉丝觉得这个挑战赛是与自己有关系的，或者说，参与其中能够为自己带来好处。只有满足了这些条件后，粉丝才会主动参与进来。

对于那些既无法让粉丝产生情感共鸣，又无法让粉丝从中获益的挑战赛，即使规则定得再简单，也不会有人参加。

江小白挑战赛的主题是“世界上的另一个我”，结合其具体的挑战内容，可以发现，这个主题是非常容易引起粉丝共鸣的。在现实生活中，生活的压力让人们的本心不断被压抑，白天在职场上是一种姿态，晚上自己回到家又会是另外一种姿态，这已经成为非常严重的社会问题。

江小白挑战赛正是立足于这一点，呼吁大家能够寻找到世界上的另一个自己，释放出自己的本心。更为重要的是，江小白品牌的目标受众人群正是年轻人群体，他们虽然享受着父辈创造的优质资源，但也承受着父辈所未曾有过的压力。因此无论从目标受众，还是从营销策略上，此次江小白挑战赛都是成功的。

江小白挑战赛的成功，也为抖音平台上其他品牌提升用户参与感提供了范例。想要发起一场成功的抖音挑战赛，不仅要贴近目标受众群体，同时还需要通过情感营销来引发目标受众的情感共鸣。

在提升粉丝参与感的过程中，要从粉丝的角度出发去制订计划，要多去考虑粉丝的实际体验。

6.5 粉丝运营实操

6.5.1 打造粉丝活动

在抖音平台上，只要善于抓住机会，积累粉丝是很容易的事情。打造粉丝活动是最为主要的一种吸粉方式，优质活动不仅能够吸粉，还能帮助运营者更好地塑造个人品牌。

此前，在抖音短视频上火热一时的“DIY”活动就是一个很好的例子。

在海底捞点上一碗米饭，再搭配上料台的牛肉粒和番茄火锅底料，均匀搅拌之后就是一份美味的番茄牛肉饭。这种独特的吃法来自一位抖音网友，当他将这种吃法上传抖音之后，短短一周的时间，这款物美价廉的牛肉饭就成了吃海底捞的必备餐点。

在另一段抖音短视频中，一位抖音网友以“焦糖奶茶、青稞、布丁、少量冰块”等原料，自制了一款CoCo奶茶。一时间，众多网友纷纷前往全国各地的CoCo奶茶门店，效仿这种“秘方”来自制奶茶。

这种“DIY美食”风潮经过抖音平台的发酵，在全国范围内形成了较大声势。其实单纯从DIY的角度来看，上面两种美食DIY并不能算有多高超。海底捞的“自制番茄牛肉饭”很早前就被发明了出来，各种“吃穷海底捞”的高招也在诸多美食论坛中常见。之所以能够形成如此大的影响，与抖音平台的传播特性有很大关系。

抖音自诞生以来，虽然发展历史比较短，但发展速度却颇为惊人。抖音上大量的视频内容，能够让观看者产生真实亲近之感，更容易影响到观看者的情绪。而“吃”这件事又是每个人每天都会做的事情，当贴近屏幕看到别人在DIY美食的时候，大多数人都会想要去尝试一番。

伴随着“海底捞DIY”和“CoCo奶茶DIY”的火爆，越来越多的餐饮品牌开始登陆抖音平台。现在，“DIY美食”已经成为抖音平台上的一种重要的粉丝活动，并且已经形成了固定的套路。

围绕着“DIY美食”的两大主流粉丝活动是“穷吃”和“壕吃”，这是两种截然不同的DIY活动。

“穷吃”就是要在人均消费较高的店面，DIY出一道物美价廉的美食，比如去海底捞DIY一份3块钱的番茄牛肉饭。

“壕吃”就是要在人均消费较低的店面，DIY出一道极尽奢华的美食，比如在吃烤冷面的时候加入各种香肠、里脊，最后原本6元一份的烤冷面，愣是花掉了16元。

伴随着越来越多的餐饮品牌入驻抖音平台，“DIY美食”这类粉丝活动还会出现不同的形式。但需要注意的是，任何活动都会经历上升和衰落的阶段，这类粉丝活动虽然现在正在迅速发展，却也有可能在不久的将来慢慢衰落下去。因此，运营者需要时刻保持创新精神，利用抖音平台的特性，去打造适合自己的粉丝活动。

相比于单纯的在抖音平台上发布视频内容与粉丝互动，这种打造特色粉丝活动的互动方式，更容易形成一种病毒式的传播。对于那些具有线下店面，想要通过在抖音平台上为线下引流的运营者，在打造线上粉丝活动的时候，还可以将粉丝活动引导到线下去。

在“海底捞番茄牛肉饭”走红网络之后，海底捞的一些线下门店立刻推出了这款“抖音网红美食”。此外，一些海底捞门店还要求服务人员“协助”食客在门店当场DIY。这也是为什么现在在海底捞可以找到一系列诸如鸡蛋虾滑油面筋、海鲜虾滑酿豆腐的原因。

6.5.2 实用“吸粉”技巧

想要真正运营好抖音账号，学会吸引粉丝是关键。在抖音平台上，粉丝的数量决定着抖音账号的价值。对于大多数运营者来说，“吸粉”都是一项重要工作。

有的人发布一条短视频就能吸引上万人观看，有的人发布一条短视频却少有人看。毫无疑问，从“吸粉”的角度来讲，第一个人显然会比第二个人更容易获得粉丝。从理论上来说确实如此，但在一些时候，却也会出现与理论相反的结果。

有的人发布的视频获得了上万人观看，但关注的人却很少。有的人发布一条视频虽然只有几千人观看，关注的人却很多。一方面这与发布的视频内容质量有关，另一方面这也与运营者的运营技巧有一定的关系。

在运营抖音账号时，掌握一定的技巧能够更好地帮助运营者吸引粉丝关注。很多时候，这些运营技巧也能够弥补内容质量上的不足。

1. 精细化视频内容是抖音吸粉的一个重要技巧

在新媒体运营中，精细化运营是一种重要的技巧。在抖音平台上做内容，想要面面俱到，这反而无法聚焦目标受众。仔细观察那些拥有大量粉丝的运营者就会发现，他们大多数都集中在细分的垂直领域中。

精细化视频内容的最大优点在于可以聚焦目标受众和圈层受众，不要担心无法覆盖最大范围的受众，先抓住目标受众的注意力才是首要任务。在积累了一定基础的目标受众之后，再去扩大受众范围，这才是正确的运营之道。

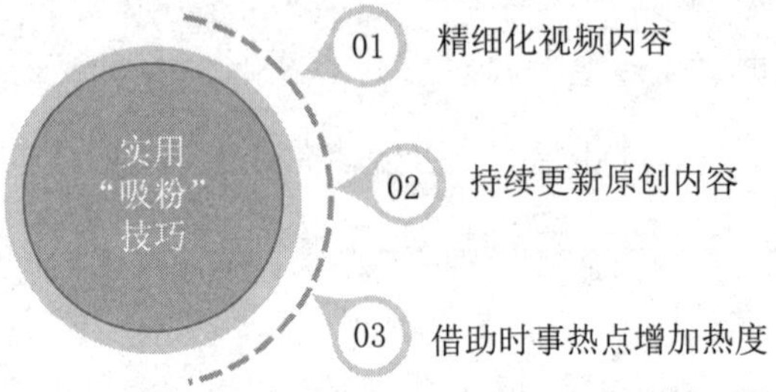

2. 持续更新原创内容，也可以吸引粉丝关注，增加粉丝忠诚度

不仅在抖音平台上，在所有新媒体平台上，只要是创作内容的，就要保证内容更新的持续性。想要实现持续且长久的“吸粉”，就必须要保证内容的连续性。

在持续更新内容的同时，还要尽可能地保证视频内容的原创性，这样才能更好地吸引粉丝。如果不能长时间保持原创内容的持续更新，可以将内容更新的周期延长，但同样也要保持内容的连续性。

3. 借助时事热点，来增加内容热度

想要获得粉丝，首先要让更多受众看到你的内容。立足于自身内容领域，巧妙融入时事热点。抖音平台根据算法机制会给予热点内容更多流量支持，而热点内容也更能吸引粉丝的目光。

4. 利用评论回复作用，与粉丝展开互动

运营者在发布完视频后，要多关注粉丝在视频中的评论，多与粉丝在评论中进行互动，拉近彼此的距离。此外，运营者还可以根据粉丝的评论内容，适当调整自己创作的视频内容，满足粉丝的特定需求。

在抖音平台上“吸粉”的技巧有很多，运营者虽然可以借鉴别人成功的运营技巧，却不能盲目照搬。想要更多地获得目标粉丝，运营者需要从自身实际情况出发，去选择合适的运营技巧。

6.5.3　根据粉丝特征，构思变现方式

做新媒体运营，最初都是以大力获取用户流量为主，当用户积累到一定规模之后，就需要想着如何依靠这些用户流量来赚钱了。用商业的语言来表述，这个环节被称作为粉丝流量的价值变现。

在抖音平台上，当粉丝达到一定数量时，就可以利用粉丝流量来为自己赚钱。一般来说，最为常见的方式是植入广告。这是最为简单的一种变现方式，如果自己的粉丝数量足够多、活跃度足够高，广告主大多会自己找上门来。

对于大多数运营者来说，在植入广告时，需要谨慎再谨慎。如果广告内容与自身内容冲突，或是无法很好融合在一起，很容易影响自身内容的质量，进而会引起粉丝的反感，导致粉丝逐渐流失。

价值变现是新媒体运营的最终归宿，也是大多数抖音运营者的最终追求。但当粉丝积累到一定数量，选择变现方式时，运营者应该谨慎，要根据自己粉丝的特征，去构思变现方式。

不同的运营者所累积的粉丝大体上是不同的，这种不同更多表现在群体特征上。简单来说，在抖音平台上，萌娃类视频运营者的粉丝与动漫类视频运营者的粉丝从特征上有很大的不同，萌娃类运营者的粉丝以父母辈或刚做父母的年轻人为主，而动漫类视频运营者的粉丝则大多是青少年群体。

区分粉丝特征的首要环节就是定位粉丝群体，正如上面举到的两个例子一样。在定位完粉丝群体之后，再去从粉丝行为、粉丝心理等方面进行分析，这样就能全面了解粉丝群体的特征。在确定了特征后，再去构思变现方式，才能在确保粉丝留

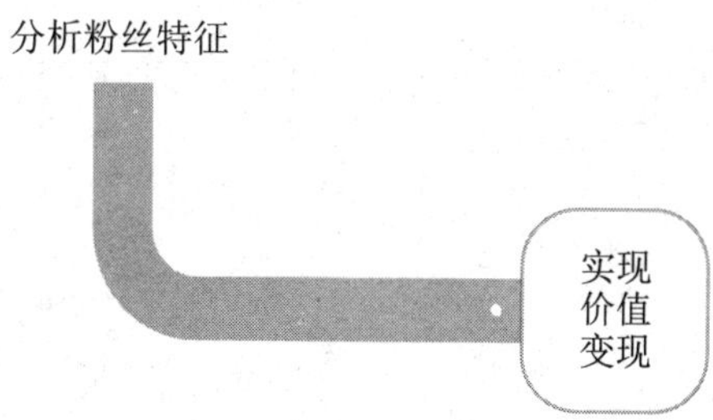

存的同时，实现价值变现。

以动漫类视频粉丝为例，这类粉丝在数量上，男性要稍高于女性，年龄大多在25周岁以下，90后、00后占据较大比重。

从用户群体特征来看，这类粉丝大多年轻，在心理上更多依靠感性思维去做事，更愿意花钱去做自己喜欢做的事情，消费能力较高。

运营者在构思变现方式时，需要充分考虑这些方面的内容。相比于植入广告，通过电商售卖商品的方式，更容易吸引这些类型的粉丝。比如动漫同款周边、动漫衍生品等，都能很好地吸引粉丝去消费。

其他类型的视频运营者，也可以根据自己粉丝的具体特征，去选择相应的变现方式。创作教育类视频的运营者，可以选择植入教育培训广告，来实现价值变现。内容类视频的运营者，可以选择打赏方式，实现价值变现。

在抖音平台上，价值变现的方式有很多，但想要真正实现变现，而不影响粉丝的体验，则需要运营者谨慎选择变现方式。顺应粉丝特征，选择对粉丝体验影响更小的价值变现方式，才是长久的价值变现之道。

第 7 章

SEVEN

变现秘诀，值得拥有

7.1 抖音社交+引流模式

7.1.1 抖音线上引流

抖音能够给人带来快乐，也能为人带来财富。获得快乐的是粉丝，得到财富的是运营者。作为当前最为火热的新媒体平台之一，抖音引爆了新的线上社交新玩法。在新媒体运营者的手中，这种新的社交玩法也产生了巨大的社会价值和财富。

在前面，我们谈过了抖音强大的社交娱乐功能，但对其创造财富的能力提及的却并不多。在这一章节中，我们会将重点放在抖音价值变现这一环节，介绍一些独具特色的抖音变现方法。

抖音变现的模式多种多样，线上引流变现并不是抖音独有的变现方式，在大多数新媒体平台上，这种方法都能够有效实现价值变现。不同之处在于，不同的媒体平台在线上引流操作方面都存在着较大的差异。

抖音线上引流大多数都会向微信公众号或其他自媒体号引流，相对来说，微信公众号是最主要的引流目标。

从抖音向微信引流，大多数人会选择在内容中加入相关引导提示。实际上，除了在内容中加入相关引导提示，还可以在抖音账号设置中加入引流提示。

一些抖音运营者会直接将自己的抖音账号名设置为“微信××××××”式样，目的就是让粉丝看到最直观的介绍，进而去关注相关的微信公众号。

抖音个人主页内容

还有一些运营者会将抖音号设置为“V××××××××”式样，由于微信号大多与手机号绑定，所以可以直接用抖音号来显示。

此外，还有运营者将抖音账号内容简介作为展示微信号的窗口，一般来说，这三种类型的账号设置大同小异，都是为了最大化增加曝光度。但在具体操作时，还需要小心被抖音官方封号。

上面提到抖音线上引流，大多数都是比较小的抖音账号在做。对于粉丝上百万的大号，如果想要通过线上向其他平台引流，应用上述方法的风险会比较大，如果被抖音官方封号，那就得不偿失了。

一般来说，抖音大号在引流时，会选择先将粉丝引流至抖音平台的小号矩阵中，然后再通过小号矩阵向其他线上平台引流。这种方法一方面能够降低大号引流的风险，另一方面也能帮助小号成长，形成协同效应。

一位抖音运营者拥有600多万粉丝，他每一次发抖音都会@自己的妻子和家人，其妻子的抖音账号也积累了200多万的粉丝。而他的妻子账号的个人简介，则直接提示了相关淘宝店铺的名称。

在抖音平台上，这种账号间相互引流的情况非常常见。很多时候，一些粉丝较少的抖音运营者会组成账号矩阵，依附于粉丝较多的运营者团队中。粉丝较多的运营者在发布视频内容时，会@其团队成员，或者在评论中与团队成员互动，以此来向其他抖音账号引流。

抖音线上引流是一种较为常见的变现模式，也是一种最大化粉丝价值的方法。想要在不同的平台上积聚粉丝，这种方法是比较便捷且高效的。

7.1.2　从抖音到线下

对于大多数拥有实体店的运营者来说，如何通过更少的成本为实体店招来更多的客流量，是一个十分重要的问题。

抖音POI页面

在微信公众号流量红利爆发期间，很多实体经营者都开通了公众号，在其中宣传自己的实体店铺。也有不少实体经营者会选择在新媒体平台上为自己的店铺打广告。但从最终结果来看，自己做公众号工作量太大，在别人平台上打广告花钱又太多，这种左右为难的情况让实体经营者备受煎熬。

相比于微信公众号，当前，抖音短视频在流量增长方面，有着很大的优势。许多企业品牌都选择入驻抖音平台，一些品牌企业还通过出色的线上营销，为线下的品牌店带去了庞大的客流，比如海底捞和星巴克。

抖音强大的带客能力已经被大多数品牌企业所认可，一时间品牌企业集中入驻抖音成为一种热潮。

为了更好地帮助品牌企业进行线下引流，抖音推出了POI（Point of Interest，兴趣点，简称POI）功能。该功能可以让企业得到唯一的独家专享地址。用户通过点击抖音视频中的定位图标，便可以看到这一地址中的全部视频内容。而企业则可以通过POI页面向用户推荐商品、优惠券或是店铺活动等。

对于实体经营者来说，POI将线下店铺和线上用户紧密连接在一起，在引导用户浏览的同时，还能帮助用户了解POI店铺的相关信息，提高用户的转化效率，帮助线下店铺导流。

“花漾庭院”是一家开在西双版纳的客栈，由于缺少用户基础，最初在抖音平台上做营销的效果并不好。随着抖音POI功能的推出，“花漾庭院”大力开展POI营销，成功获得了第一批忠实用户。

最初，“花漾庭院”将萌宠作为日常视频内容，同时配合POI功能，把带有门店信息的视频发到了抖音平台上。此外，为了进一步增强门店视频的曝光率，“花漾庭院”还配合使用了抖音的DOU+功能。

这种功能可以将视频内容更好地推荐给更多的目标用户，可以更好地实现精准引流。通过这两种功能的结合，“花漾庭院”此次线下引流直接将内容送达目标客户，大大提升了粉丝前往线下门店的概率。

为了配合抖音营销，“花漾庭院”对线下店铺布局进行了调整，增加了许多抖音元素。同时，还为到店消费的顾客提供了众多优惠活动与体验游戏。通过这种互动，不仅提升了用户对店铺的好感，同时还积累了再次传播的视频素材。整个抖音营销形成了一种从线上到线下，再返回到线上的完美闭环。

通过抖音平台向线下实体店引流，如果营销策略使用得当，很容易形成爆款效应。此前的“海底捞挑战赛”等抖音营销，可以说是极为成功的线下引流方式。这种爆款效应不仅为海底捞带来了大量客流，同时还提高了海底捞的品牌价值和形象价值。

对于有一定条件的运营者，可以尝试通过多种方式去为线下实体店导流。

7.1.3 引流是第一步，留住用户才是根本

当前，新媒体行业已经进入深水区，竞争也变得越来越激烈。对于新媒体运营者来说，能否将用户牢牢“抓”在自己手中，成了决定运营者生死存亡的关键。

一些运营者各种卖力营销，最后却没有获得多少粉丝的关注，这种现象在抖音平台上常见。还有一些运营者通过合理的营销引流，获得了许多粉丝的关注，但没过多长时间，粉丝却减少了许多。抖音平台上这种现象也经常发生。

留不住用户是许多运营者头痛的一大问题，在抖音平台上，如果运气够好，自己发布的视频成了爆款，增长几千几万粉丝是很轻松的事情。但是，如果后面的内容无法继续保持较高质量，这些粉丝也会很快流失。所以，抖音运营者不仅需要下功夫引流，更需要卖力气去留住用户。

对于那些将抖音粉丝引流到线上其他平台，或者是线下实体店的运营者，同样需要考虑留存用户的问题。如果处理不好这个问题，之前付出的引流努力都会付诸东流。

留存用户是新媒体行业从业者必须具备的一项基本功，虽然是基本功，但想要做好却并不容易。一般来说，通过各类营销引流而来的粉丝，本身忠诚度就不够高，这种时候如果不想办法提升用户忠诚度，就很容易导致新来的粉丝流失。

留存用户的一个最基本工作就是要保证内容创作的持续更新。能够持续更新内容至少可以让粉丝养成定期浏览的习惯，如果内容足够优质，还能

在很大程度上增加粉丝的忠诚度。

最为典型的例子就是网络小说平台上的读者“追更”，优秀的网文作者，不需要费心费力去宣传自己的作品，只需要认认真真构思内容即可。定时定量更新的小说，会让读者养成追读的习惯，从而对网文作者产生依赖与忠诚。

在抖音平台上，每个人都可以上传并分享自己的短视频作品，但只有真正的运营者知道去定期持续更新内容。大多数创作者都是根据心情来分享自己的作品，这种分享很难形成规模、产生价值，也很难留住用户。

抖音账号留存粉丝的方法还有很多，持续更新内容只是最基础的工作。除了抖音账号留存粉丝外，通过抖音账号将粉丝引流到线下店铺后，也同样需要采取措施留住这些用户。

关于这一点，海底捞的做法非常值得大多数品牌门店学习。海底捞在通过“美食DIY”和“海底捞挑战赛”等活动，成功将粉丝引流到线下门店后，在线下门店同样开展了美食DIY的特色挑战。

在顾客用餐时，海底捞的工作人员会鼓励顾客尝试新的DIY美食，同时还会鼓励顾客自己去DIY美食。对于顾客DIY出来的优质美食，海底捞的工作人员还会向其他顾客推荐。海底捞的线下门店成功延续了在抖音平台的线上活动，这对于留存用户是非常重要的。

做抖音运营最忌讳的就是只顾引流，而不去用心留存粉丝。在抖音流量红利期，这个问题的影响可能没那么严重，但当抖音流量红利逐渐消退之后，后果就会逐渐显现，那个时候再想要在抖音平台上获得粉丝，代价就要大很多了。

7.2 抖音社交+电商模式

7.2.1 自营电商，一体化收益

伴随着移动互联网的火热，网上购物越来越便捷。对于消费者来说，便捷是一种最为直观的感受，但对于电商平台运营者来说，为了这种便捷，很多人都在残酷的市场中拼命挣扎。电子商务市场越来越饱和，流量获取成本越来越高，利润空间被挤压殆尽。

上面描述的现象在现在比比皆是，在未来可能会更加惨烈，每一次大浪淘沙式的“行业洗牌”都会淘汰众多运营者。

在移动互联网之后，新媒体平台的火热让电商运营者看到了新的希望。电商运营者最初只是在新媒体平台上植入广告，小平台广告费少，传播效果一般；大平台广告费高，传播效果要好一些。在那些顶级流量平台上，传播效果极佳，广告费也是高到吓人。电商运营者开始转变自己的策略，开始在新

媒体平台上自营内容。

究竟是电商运营者先转变成新媒体运营者，还是新媒体运营者利用平台发展电商业务，其间的先后顺序并不是我们分析的重点，真正的重点在于新媒体运营与电子商务相碰撞所产生的火花。

在抖音平台上，在很多运营者的抖音简介中，都可以看到自营淘宝店的内容。还有一些运营者所发布的视频内容，就是推广自营产品的。这种抖音与电商两不误的运营者，被坊间称为“抖商”。

与“微商”一样，“抖商”主要通过抖音短视频来展示自己的产品，通过特色的宣传视频来增加粉丝，通过产品橱窗和淘宝店来销售商品。从当前的发展形势来看，抖音平台上的产品曝光率要远超过其他平台。

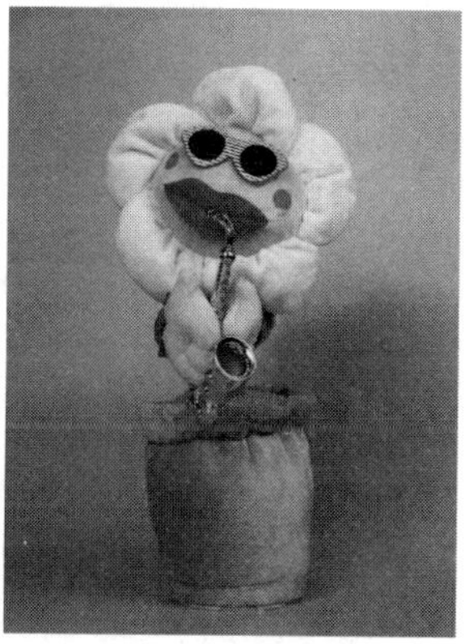

火爆抖音的“妖娆花音箱”

薄饼锅、蟑螂抱枕、妖娆花音箱、奶油拍脸机、喷钱手枪……这些商品在抖音平台上迅速传播开，一个个“抖音神器”开始出现在街头巷尾。凭借着高用户活跃量和推荐机制作用下的病毒式传播，抖音为电商创造了生根发芽的温床，为电商营销带来了新的形式。

借助抖音的“带货”热潮，一些没有通过抖音做营销的淘宝店主，纷纷在自己的商品前面加上了“抖音”的标签。当这些运营者辛辛苦苦将抖音粉丝引流到淘宝后，粉丝却购买了别人的商品。为了避免这种情况的发生，大多数淘宝运营者还是选择自己注册抖音账号来做引流营销。

抖音推出的商品橱窗功能，可以让运营者将抖音账号和自己的淘宝店铺直接连接，直接将抖音粉丝引流到自己的淘宝店中，促进淘宝店铺的销量。即使没有淘宝店铺，抖音的运营者也同样可以申请开通商品橱窗和购物车，进而申请在抖音开设店铺，销售商品。

虽然当前在抖音平台上开店相应的运营体系不如淘宝成熟，但它确实为许多抖音运营者提供了一种价值变现的渠道。伴随着抖音的发展，越来越完善的电商管理体系将建立起来，到时候，在抖音上经营店铺也会变得更加容易。

7.2.2 抖音电商变现指南

在抖音短视频的变现方式中，将自身内容与电商相结合，是一种高效的变现方式。抖音运营者可以选择自己开店，然后通过抖音来为店铺引流。也可以选择与第三方店铺合作，通过为第三方店铺引流，来获取相应的收益。

一般来说，拥有一定粉丝基础，同时处于垂直的细分领域的运营者，更适合自己经营一家店铺。

当前，抖音具有电商属性的工具主要有三个，分别是橱窗功能、购物车和抖音小店。虽然现在抖音平台上的这些电商工具，还没有广泛推广开来，但随着抖音发展速度的加快，这些电商工具也会迅速得到完善，并面向大多数运营者开放。

抖音橱窗功能刚上线时，拥有8000粉丝，发布视频超过10个，并完成实名认证的用户才能申请。而开通抖音橱窗需要通过抖音个人中心的设置按钮，进入设置页面中的“反馈和帮助”选项中进行申请。

随着电商工具功能的完善，当前抖音橱窗和购物车的开通权限已经放宽了许多。一般来说，粉丝数量达到1万人，就能够获得抖音官方的邀请。

而那些没有获得官方邀请的运营者，也可以主动去申请开通购物车功能。运营者按照相关要求填写完成相应资料后，抖音官方会审核运营者资质。被邀请开通购物车，并正确填写相关资料的运营者，就能够开通购物车。整个审核过程的速度是非常快的。

在没开通购物车功能之前，抖音运营者的变现方式大多是承接第三方广

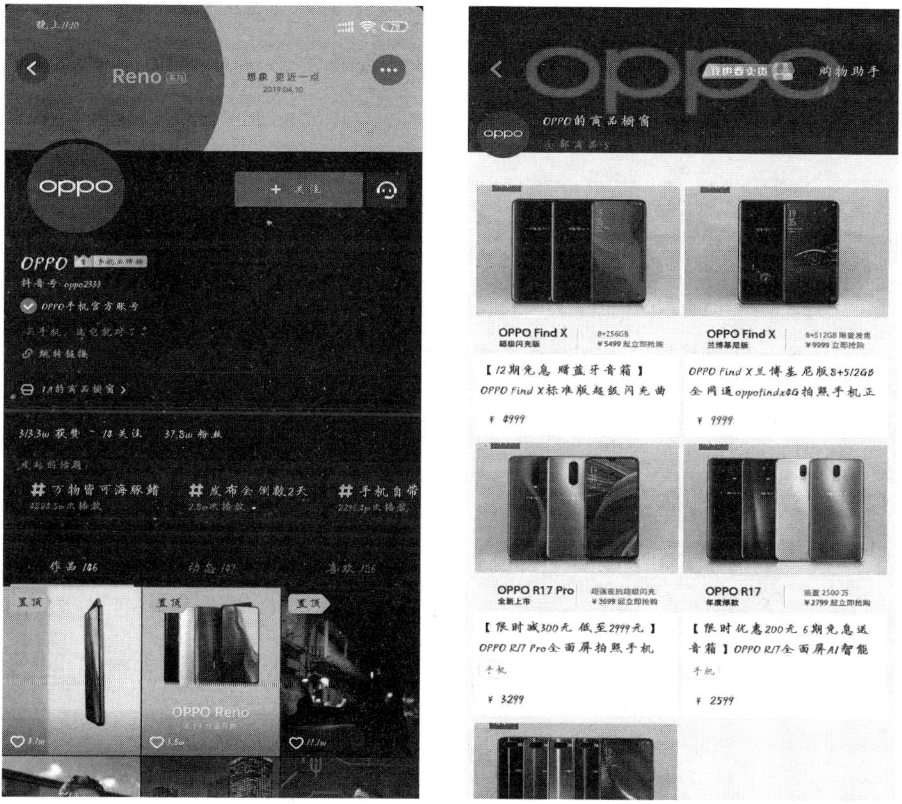

抖音商品橱窗功能

告，获取广告费。在开通购物车功能后，抖音运营者可以自己经营电商产品，不仅扩展了变现渠道，还大大提高了变现的效率。

抖音小店是在橱窗功能和购物车功能之后，抖音所推出的另一种电商变现工具。不同于购物车和产品橱窗，抖音小店与淘宝店铺在性质上是一样的，都是店铺。当前，抖音小店是抖音运营者重要的变现工

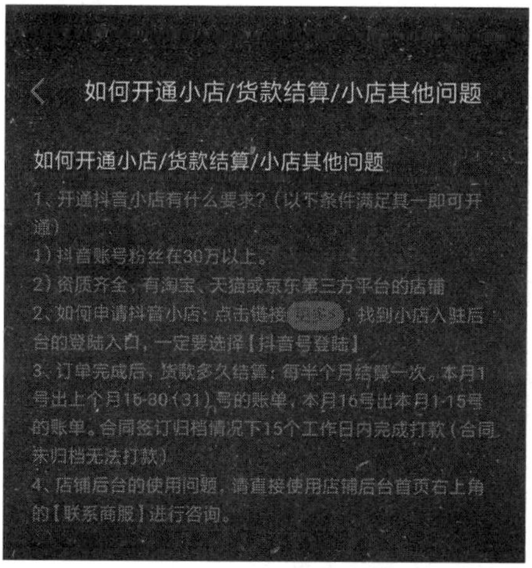

抖音小店开通要求

具。

在开通抖音小店后，运营者可以在头条号、抖音和火山个人主页中展示专属店铺页面，同时还可以利用微头条、视频来增加商品的曝光量。粉丝们则可以通过今日头条、西瓜视频、抖音等App购买店铺中的商品。

相比于前面两种电商工具，在2019年，抖音小店系统升级之后，入驻标准有所提高，审核也变得更为严格。此前，抖音小店不仅审核周期短，个人也可以申请。当前阶段，抖音小店并不支持个人申请，个体工商业者和企业在申请时，也需要提供较多证明材料。

抖音的这种“严要求”的意图很明显，并不是为了限制运营者去申请抖音小店，而是为了将资质不足的运营者筛选出去。如果在抖音平台上不加审核地大肆放宽电商准入，很容易导致一些售卖假货的运营者进入平台之中。如果出现假货事件，对抖音开展电商业务的影响是非常严重的。

7.3 抖音+广告模式

7.3.1 接第三方广告，为品牌定制内容

在视频内容中植入广告，是抖音平台运营者最为常用的一种价值变现方式。即使现在抖音已经推出了一些具有电商功能的工具，广告植入依然是抖音运营者实现粉丝价值变现的重要方式。

相比于广告内容的植入，为品牌做定制内容，更能最大化实现粉丝的价值变现。当然，这种深度广告内容的合作，往往只有拥有千万级粉丝量的抖音大V可以做。

在抖音平台上做品牌内容定制，很大程度上源于品牌广告主的焦虑。在互联网兴起之初，贴片广告是品牌商们在互联网上的主要广告投放形式。

伴随着移动互联网时代的到来，受众的注意力开始从PC端转向了移动端，当有别于网络长视频的短视频成为受众喜爱的主流产品时，品牌广告主

发现比短视频还要长的广告已经不再符合当前的潮流。

无论是贴片广告，还是广告植入，在短视频中的效果都不怎么好。植入的广告一闪而过，对于品牌形象塑造的意义并不大。为此，品牌广告主们决定与短视频制作者展开深度合作，用完整的短视频内容去呈现品牌内容。品牌广告主观念的改变，为许多短视频大V带来了价值变现的一大机遇。

抖音运营者“会说话的刘二豆”此前与vivo IQOO手机展开合作，专门为IQOO制作了一期视频。视频内容讲述了猫咪刘二豆为了重新获得猫咪瓜子的芳心，立志变酷的故事。刘二豆和瓜子依然是故事的主角，活泼幽默的对话依然贯穿整个故事。最终，刘二豆通过IQOO手机的强悍能力，完成变装，虽然依然没有获得瓜子的芳心，但却展现出了IQOO强悍的能力。

这则创意视频与“会说话的刘二豆”此前的视频基本保持一致，无论是在内容，还是在风格上都很一致。巧妙植入的广告信息并没有影响粉丝观看视频内容的兴致，吸引了大量粉丝的转发和点赞。

从这次双方的合作来看，结果是非常好的，实现了双赢。对于广告主来说，增加了产品的曝光量；对于运营者来说，获得了实在的物质回报。

在2018年7月，抖音推出了商业内容智能交易和管理平台“星图”，为抖音内容营销提供了官方渠道。通过星图平台，可以实现订单接受、签约达人管理、项目汇总和数据查看等功能，同时还可以实现内容交易过程中，多重交易角色的连接与沟通。

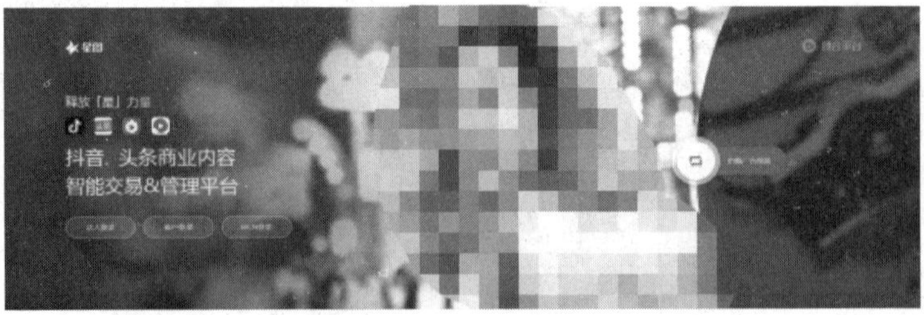

抖音星图平台登录界面

从功能上看，星图平台与快手接单任务的功能很相似，都是帮助品牌广告主、MCN公司和明星大V提供广告合作服务，同时从中收取分成或附加费用。简单来说，就是广告主需要做广告宣传，明星大V或MCN公司可以在接受订单后查看具体的需求。

星图平台的推出，很大程度上解决了运营者广告接单的问题。同时也让寻找资源的品牌广告主能够更好更快地找到可以合作的抖音运营者。

7.3.2 企业号投入广告，扩大知名度

抖音企业号是抖音专门针对企业所开发的一种功能，企业可以在抖音平台上开通自己的“官方账号”。通过认证审核的企业，可以获得抖音账号的蓝V标识，同时还能够获得抖音提供的多项特权服务。

对于品牌企业来说，想要通过抖音平台进行营销宣传，开通抖音企业号是非常有必要的。获得了抖音认证的官方标识，不仅能够为企业品牌形象背书，更是一种对品牌形象的直接宣传。

开通抖音企业号后，运营者便可以在抖音短视频平台上发布60秒视频。相比于15秒的短视频，60秒视频能够给予企业更多的时间去展示自己的产品服务及品牌形象。

同时，获得认证的企业号还可以将自己的官网链接放在抖音主页上，这样企业便可以通过抖音平台为官网引流。

在引流方面，企业号还可以获得POI认证地址，企业可以在视频中展示线下门店的地址、电话、营业时间和推荐信息等内容。此外，企业号运营者还可以在视频中添加购物车功能，从而将粉丝直接引流到店铺之中。

在抖音企业号的众多特权服务中，“DOU+”是比较吸引人的一种推广功能。当前这一功能只针对抖音企业号开放，品牌企业可以通过付费的方式，增加自身在抖音推荐信息流中的曝光次数，从而让自己获得更多粉丝的关注。

抖音“DOU+”功能

使用“DOU+”功能的企业号，不仅可以自己设置推广金额，同时还能简单设置目标人群。由于“DOU+”推广的视频没有“广告”标识，所以一般也不会引发粉丝的反感。同时，在推广活动结束之后，运营者还能看到此次推广究竟获得了多少展示量、播放量和互动量。结合推广金额，可以了解此次传播的具体效果如何。

随着申请抖音企业号的品牌企业越来越多，简单的“DOU+”推广功能无法再满足品牌商们精准营销的期望。在2019年1月，抖音平台上线了“抖音企业号广告”。

相比于“DOU+”推广功能，“抖音企业号广告”在推广设置上，可以适用十多种头条广告的定向条件。从基础的地域、性别、年龄，到更为精确的兴趣定向、App行为等，这些细化的定向条件，可以帮助广告主将广告精准地送达目标用户。

品牌企业除了能够通过设置更为精确的定向条件，将广告推送给目标用户，还可以从后台获得多个维度的广告推广数据。相比于“DOU+”推广，抖音企业广告号分析的条目类别更加细致，细分程度甚至可以做到“单条视频广告推广数据分析”。

选择抖音企业号进行广告推广的品牌企业，还能够利用头条大数据，生成各种主题人群，从而更好地寻找自己品牌的受众群体。这在很大程度上节约了品牌企业定位受众群体的时间，也节约了搜索成本。

除了上述功能特色，抖音企业号广告最大的优势在于能够针对不同的品牌，帮助他们建立特定的广告投放模型。品牌企业在投放企业号广告时，系统会不断根据用户的关注数据，来搭建广告模型。随着粉丝关注数据的累积，特定企业号的种子用户数据也就逐渐完成了积累。

当完成种子用户数据积累后，系统还会继续分析这些种子用户的群体特征，并总结出相应的标签。此后，系统在推送企业号广告时，会有针对性地向拥有类似标签的人精准推送。同时，系统还可以根据反馈来的关注数据，不断修正现有模型。

相比于品牌企业自己去寻找目标用户，通过大数据技术来寻找企业号广告的目标受众，显然更具有优势。大数据技术与市场营销相结合也是当前市场推广的一种主流形式。

当然，在抖音平台上进行企业广告投放，还需要遵守相关规则。

在抖音平台上，禁止发布彩票、成人用品、医疗、相亲、保健品等行业广告。同时在发布广告视频时，音频需要有版权来源，广告中不能出现联系方式、中奖类文案。当然，视频广告的内容一定要有正确的价值观导向，不能存在侮辱、暴力、血腥的场景，也不能存在诱导用户的内容。

7.4 抖音直播+礼物+卖产品模式

7.4.1 获得打赏

在抖音平台上发布短视频很容易，只要完成账号注册登录即可。但想要在抖音平台上做直播，所需要的条件就相对苛刻一些了。

抖音对官方主播的要求是比较高的。当前，抖音直播并没有全面放开，只对部分用户开放权限。一般来说，满足一定粉丝数量和点赞数量的抖音运营者，会受到抖音官方的直播开通邀请。在同意邀请后，便可以开通自己的抖音直播。

除了官方邀请的方式，抖音运营者还可以选择申请加入公会的方式开通直播。由于加入公会后，直播分成的比例会发生变化，所以运营者在加入公会前需要与公会充分协商。一般来说，在加入公会的申请提交后24小时内，会接到公会的处理结果。如果超过24小时没有收到处理结果，运营者的申请信息便会重置，还需要重新进行申请。

当然，对于与公会的合作，抖音官方虽然推出了一系列大力扶持的政策，但在管理上还是相当严格的，只有拥有优质粉丝资源的主播能够在抖音平台上获得实在的利益。

通过抖音直播变现获利的方法主要有两种，一种是个人展示，一种是产品展示。个人展示主要是运营者在直播中展现自己的才艺、颜值，来获得粉丝们送出的虚拟礼物。而运营者可以用这些虚拟礼物去兑换“音浪”，然后再用“音浪”去兑换人民币提现。

这一点与大多数直播平台的变现方式很相似，都是通过粉丝打赏的方式实现价值变现。不同之处在于，抖音并没有设置打榜榜单，同时也不鼓励粉丝间出于盲目攀比的目的，去打赏主播。

抖音直播中可供打赏的虚拟礼物有“抖音”“棒棒糖”“仙女棒”“小心心”“撩一下”等，单从名称上就可以看出其中浓浓的抖音风味。将这些在抖音平台上衍生出来的文化符号，打造成直播平台的虚拟礼物，既保留了抖音的原汁原味，又符合年轻人的使用习惯。

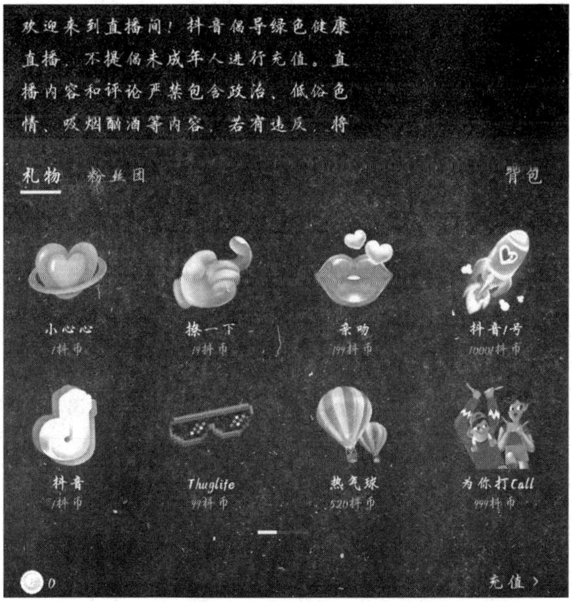

抖音直播中的礼物

在抖音招募官方主播的公告中，着重提到了对艺术人才、段子大王、户外直播、美食直播、语言达人和健身达人的招募。这些类型的主播也是抖音平台上的主流主播，相比于其他平台对主播类型选择上的宽松政策，抖音显然更倾向于向专业深度去发展。

抖音主播获得打赏的多少，与其活跃粉丝数量存在很大的关联。活跃粉丝越多，直播获得的“音浪”就可能会越多，主播可提现的人民币也就越多。此前一位拥有2000万粉丝的抖音主播，就曾在直播中获得了133万的“音浪”。

抖音直播的打赏功能已经成为大多数抖音主播的主要变现方法。当然，在直播平台上持续火热的打赏模式，能否真正在抖音平台上帮助主播实现价值变现，还需要看未来抖音对直播功能的重视程度。

7.4.2 直播间卖产品

在抖音平台上开直播，除了可以依靠粉丝打赏来变现，也可以通过售卖产品来实现流量变现。

当然，直接在抖音直播间售卖产品是违反抖音相关规定的，如果被查到，就会被封号或限流。直接为产品打广告，也容易被抖音官方封禁。因此，想要通过抖音直播售卖产品，就需要在直播中软植入产品广告。

对于一些特殊的抖音主播来说，这种软植入产品广告的方法，要比依靠粉丝打赏更容易实现价值变现。

比如，一位制作手工艺品的抖音主播，其直播的内容就是展示手工艺品的制作过程。由于这位制作者搞笑幽默的解说风格，出色的手工艺品制作技艺，他的直播受到了许多粉丝的关注。同时，还有许多感兴趣的粉丝会主动询问在哪里可以买到这些手工艺品。这时候，抖音主播就会将自己的店铺信息以一种委婉的方式告知粉丝，从而成功地将粉丝引导到自己的店铺之中。

相比于直播打赏，这种直播售卖商品更多是一种向线上或线下店铺的引流，通过成交商品来获利。

当然，在直播过程中，抖音主播应该注意自己的言行。由于抖音官方对直播内容的审核非常严格，如果在直播过程中涉及内容被官方认定为广告宣传，就很有可能遭到官方的制裁。

此外，在直播过程中，抖音主播可以与粉丝交流热点内容，但一定要把握好其中的尺度。对于一些敏感话题，一定不能在直播过程中出现，否则同样会受到抖音官方的制裁。

7.4.3 直播推广：润物细无声

一些依靠直播卖产品的抖音主播，在直播时，常常围绕着自己的产品推广说个不停。这种商业气息浓厚的推广，会让不少粉丝感到乏味，进而选择退出直播间，并取消关注。结果抖音主播不仅没卖成产品，还让自己失去了粉丝。

直播中的推广，应该做到“润物细无声”，这样不仅能规避抖音官方的监管，同时还能给粉丝一种优质的直播体验。

想要将抖音直播间的产品推广变得“润物细无声”，抖音主播需要将产品融入直播内容之中，让产品成为直播的一个道具，而不应让其成为直播的主角。

比如，一位抖音的颜值主播想要推广一款美妆产品，她并没有直接向自己的粉丝介绍这种产品，而是选取了几款同类产品作比较。

在直播过程中，她并没有单纯去比较几款产品的质量细节，而是举行了一场“美妆秀”。她以教授粉丝变妆作为直播内容，亲自试用几种产品。在这个直播环节中，她并没有直截了当地说哪一款产品的使用效果更好，而是将所有的效果直接展示给粉丝。

整场直播下来，粉丝丝毫感觉不到主播是在推广其中的某一款产品，但从评论区来看，许多粉丝都在询问主播效果最好的那款产品在哪里能买到。当然，这一款产品就是这位主播想要推荐的产品，而在其抖音的商品橱窗中所销售的也正是这款产品。

很少有客户喜欢被推销的产品，如果不是确有需求，大多数人也不会轻易选购别人推销的产品。抖音直播打造了一种相对封闭的空间，抖音主播和粉丝同处于这样的空间中，粉丝所关注的是主播本身，而不是主播推广的产品，这一点与明星和粉丝的关系还是很不一样。

明星向粉丝推广产品，粉丝大多乐于接受，这是因为粉丝对明星的忠诚度很高，即使知道购买这些产品的钱不会落入明星的手中，粉丝依然愿意为明星偶像贡献忠诚，这是因为明星具有将粉丝对自己的忠诚转移到产品上的能力。抖音主播想要更好地在直播中推广产品，同样也需要将粉丝对自己的喜爱转移到产品上，只不过整个过程要更小心、更谨慎，要做到“润物细无声”。

对于粉丝基数不多，粉丝忠诚度不高的主播，在直播过程中还应先注重内容质量的提高，不要过于心急去推广产品。粉丝基础不牢固时，就盲目进行产品推广，这样很容易导致粉丝流失。

7.4.4 直播互动：多笑多活跃

抖音主播想要通过直播完成粉丝价值变现，就需要用直播互动来不断提高粉丝的忠诚度。在直播过程中多与粉丝进行互动，能够更好地巩固与粉丝之间的情感链接，在夯实粉丝基础之后，才能更好地实现粉丝价值的变现。

直播互动是抖音主播与粉丝沟通的核心，只有做好互动，才能积攒人气，这是变现的基础条件。

对于抖音主播来说，营造直播间的气氛是主播的一个必修课。无论是颜值类主播，还是才艺类主播，开播时的热场活动是必不可少的。

直播并不是主播一个人在唱独角戏，在整个过程中，主播需要持续与粉丝互动。有时候主播可以应和粉丝的问答，有时候主播可以反击粉丝的“嘲讽”，主播要时刻关注粉丝的感受，不要让直播冷场。

在直播开场阶段，主播可以以近一段时间自己的一段经历开场，带动粉丝与自己互动。以讨论热点话题的形成开场是一个不错的选择，由于热点话题的传播范围比较广，大多数人都会知道，粉丝也更容易参与进来。当然，在选择具体的热点话题时，应该避开那些敏感度高的话题，以免被抖音官方封禁。

正常来说，在抖音直播过程中，主播应该扮演主导角色，多说话带动粉丝活跃。但一些时候，主播也需要学会少说话，为自己留一些"神秘感"。

以开场话题讨论为例，主播如果在讲完自己想要讨论的话题后，又自顾自地说个没完，粉丝就会被晾在一边。此外，如果是容易引起争论的话题，主播又只站在一个角度去阐述自己的观点，就很容易引起不赞同这一观点的粉丝的反感。最终，本来是营造气氛的话题，却变成了为自己"掉粉"的话题，这是得不偿失的。

即使主播对某个话题拥有独到的见解，也不要自顾自地去卖弄，要让粉丝自己去挖掘，主播可以通过回答粉丝的提问，或是解读粉丝的观点，来阐述自己的观点。

主播要明白，讨论这个话题的目的不是解决这些问题，而是营造活跃的气氛。如果在讨论过程中，主播发现粉丝因为话题讨论而影响了直播间的气氛，就需要迅速结束话题。这个时候，直接进入内容直播环节是一个不错的选择。

在内容直播环节，主播除了要展示自己的直播内容，还需要随时应对粉丝的评论。在回答粉丝的问题时，主播依然需要少说，同时还要多笑。

"少说"是说不要什么问题都回答，遇到尴尬或不好回答的问题，可以以微笑来应对。如果遇到粉丝恶意的提问，主播可以直接选择无视。有问题就回答，主播的"神秘感"便会荡然无存。

只有通过直播互动带动起粉丝的活跃，抖音主播才可以进行自己的价值变现活动。无论是推广产品，还是植入广告，在粉丝兴高采烈的时候进行，总比在粉丝情绪低落时做效果要好。

7.4.5 直播封面选择技巧

在抖音直播运营中，大多数运营者会将运营的重点放在直播的内容上。将直播内容做得专业、细致并没有错，但如果将所有运营重心全部放在直播内容上，就会缺失掉其他环节和部分对直播效果的影响作用。

在抖音直播运营中，一个最为简单，却又具有极其重要性的环节，就是抖音直播封面的选择。

抖音平台对主播封面的要求非常严格，如果直播封面与个人主页的封面不一致，或者是头像的质量比较差，都需要前往个人主页修改后，才能通过审核。对于一些低质、违规的头像，抖音官方会降低其推荐量，严重的还会直接隐藏其直播间。

对于抖音主播来说，抖音直播封面就是自己的“门面”，粉丝会通过封面对主播产生第一印象，而这种第一印象很可能会发展成为最终印象。因此，抖音主播直播封面的选择是十分重要的。

直播封面在选择上要注重两个方面，一方面是要保证优质合规，另一方面则要展现出主播的魅力，对粉丝产生吸引力。

在优质合规方面，抖音官方并没有给出直播封面头像的具体标准，但有一些封面头像是一定会被限制的。

首先，就是使用与本人照片无关或者与直播内容无关的图片做封面。比如明星图片、风景图片或动漫图片，这些在抖音平台上都是不合规的封面头像。

其次，主播个人穿着暴露、动作不雅，抽烟喝酒的照片，也是不符合规定的。

最后，封面照片不清晰，有马赛克、二维码、黑边、白边和广告的，也都属于违规封面。

规避上面提到的这些内容，直播封面基本能够通过审核。但想要在封面上为自己加分，抖音主播还需要在细节方面多下功夫。

如果是颜值类主播，最好选择自己的照片作为封面，可以选择半身照或特写来凸显颜值。同时要保证照片清晰、背景干净、明亮适中。

在选择自己的照片做封面时，可以适当进行美颜修饰，但禁止使用过于抽象或加了滤镜特效的照片。同时，离镜头过近的大头照也不适合作为直播封面。

如果是才艺类主播，最好在直播封面中表明自己的才艺内容，可以选择自己表演时的照片。照片同样要清晰、干净，由于可能会有器材器械，所以要注意照片的构图。不要选择场景过大的照片作为直播封面，这样会分散粉丝的关注重点。

抖音主播除了需要在直播封面上多下功夫，在直播间的设计上，也需要跟自己的主播风格相匹配。即使不去做统一布景，也需要保持直播间干净整洁，避免阳光直射脸部。

7.5 IP变现，创造衍生价值

7.5.1 抖音红人的“吸粉”曲线

粉丝的数量级是衡量抖音红人账号价值的一个重要指标，拥有千万粉丝的抖音红人，与拥有百万粉丝的抖音红人，其账号的商业价值差距也可能有千万之多，或者差距更多。

抖音红人账号的商业价值不仅是抖音红人自身需要考虑的问题，同时也是品牌广告主需要考虑的问题。面对同样粉丝量级的抖音红人账号，究竟该选择哪一个投放广告？同样是拥有千万粉丝量级的抖音红人，为什么商业价值会相差很多？

想要了解这些问题的答案，就需要去细致分析抖音红人的粉丝增长规律。这不仅是品牌广告主判断抖音红人账号商业价值的重要依据，同时也是抖音运营者进行抖音运营的一个重要导向。

想要在同样粉丝量级的抖音红人中脱颖而出，抖音红人们需要着力去规划自身粉丝增长趋势曲线。

一般来说，当前抖音平台上，抖音红人的粉丝增长趋势曲线有四种。

1. 阶梯式粉丝增长趋势曲线

这种模式粉丝增长趋势曲线的特征在于，粉丝数量呈阶梯式上涨，其间出现多个峰值。

这类抖音红人大多是能稳定产出内容，且内容风格一致，内容质量普遍较高。整体来看，无论是在内容输出，还是粉丝互动上，这类抖音达人账号都非常稳定。

2. 顶峰式粉丝增长趋势曲线

这种模式粉丝增长趋势曲线的特征在于，粉丝数量呈阶段性增长，其间出现粉丝暴增的次数较少，但在出现粉丝数量增长峰值后，其粉丝增长数量都比较大。

这类抖音红人比较注重内容产出的质量，相比于第一类抖音红人，这类抖音红人会更多在内容质量上下功夫，当某一段直播内容质量较高时，就会获得更多的粉丝关注。可以说，是一种稳定向上的增长趋势曲线。

3. 突破式粉丝增长趋势曲线

这种模式粉丝增长趋势曲线的特征在于，粉丝数量长时间保持平稳，在某一时间会出现较高的粉丝数量增长峰值，随后又会很快趋于平稳。

这类抖音红人多为借势营销的高手，比较擅长借助热点事件进行营销宣传，并且很多时候，这种借势宣传都能取得积极效果。

4. 起伏式粉丝增长趋势曲线

这种模式粉丝增长趋势曲线的特征在于，粉丝数量会出现较为明显的突然增长或下降的趋势，某段时间这两种趋势会交替出现。

这类抖音红人可能会经常调整自己的运营内容，以至于出现粉丝数量大增或大减的情况。也有可能是抖音红人传播的错误热点内容在最初获得了较大关注，当事件清晰后，因为传播错误信息，抖音红人账号会出现大量粉丝流失的情况。

上面几种抖音粉丝增长趋势曲线，可以很好地反映出抖音红人账号内容的质量以及账号运营的稳定情况。品牌广告主在选择投放广告时，会根据自身不同需求，选择相应的抖音红人账号合作。

如果品牌广告主想要在某个节日期间，通过借势营销塑造品牌形象，那广告主们很可能会选择具有突破式粉丝增长趋势曲线的抖音红人。一般来说，拥有起伏式粉丝增长趋势曲线的抖音红人，更不容易被品牌广告主所看重。

抖音运营者在积累粉丝的同时，应该有目的地打造自己的粉丝增长趋势曲线。如果自己比较擅长内容原创，且能够保持稳定的内容输出，那就尽量朝着顶峰式粉丝增长趋势曲线方向努力。如果自己并不能持续定期更新内容，但在内容原创和借势营销方面有自己的独到之处，就可以选择突破式粉丝增长趋势曲线。

当然，如果发现自己的粉丝增长趋势曲线是起伏式时，抖音红人应该及时寻找原因。如果是因为内容产出范围不够聚焦，那就选择自己更擅长、更能吸引粉丝的内容深入去做。如果是因为借势营销出现了差错，就要保证此后自己的直播内容价值观要正确，不要再犯同样的错误。

粉丝增长趋势曲线是抖音红人粉丝积累过程中需要注意的关键一环，在完成对粉丝增长趋势曲线的塑造后，抖音红人还需要去打造独特的个人品牌形象。

7.5.2 塑造个人形象

抖音平台上的红人多如牛毛，想要在如此众多的竞争对手中突出重围，没有自己的个人品牌形象是万万不行的。

抖音红人们想要塑造自己的形象，就要从全方位着手去做。从基本的抖音账号名称、抖音账号内容简介，到最重要的抖音内容产出、抖音粉丝互动，抖音红人都需要拥有一个统一的风格。

这就好像演艺圈的明星和演员一样，无论他在生活中的性格和形象是什么样的，他在公众面前都需要塑造一个鲜明的人设。更为重要的一点在于，即使人设特征相同，明星们也会在具体的细节之处体现出不同。同样是幽默，沈腾的幽默与周星驰就完全不同。

在这一点上，抖音红人也需要在抖音平台上塑造自己的人设。这个人设可能与其他抖音红人的人设在特征上较为相似，但一定要在具体的细节上有所区分。

一些萌宠类抖音红人所塑造的人设普遍都是宠爱宠物，但在细节上却又有所不同。有的抖音红人会将宠物奉为“大王”，衣食无忧地供养。有的抖音红人则将宠物视为孩子，该罚站就罚站，该教育就教育。正是这种细节之处的不同，才帮助抖音红人们塑造了不同的个人形象。

在塑造个人形象过程中，抖音标签在一定程度上起到了重要作用。

在抖音平台中，拥有“小哥哥”“小姐姐”标签的抖音红人的数量很多。即使拥有这些相同的标签，但在具体细节特征上，这些抖音红人也有所不同，他们每个人都会着力为自己打造一个更为鲜明的人设。

一个值得注意的现象是，一些抖音红人会通过在人设中加入国际背景，从而增加自己人设的独特性。

抖音红人“爆胎草莓粥”在简介中标有韩国留学的背景，而在其产出的内容中，也会经常加入一些韩国元素。有的时候模仿韩国电影，有的时候则模仿韩国的一些明星。这些内容产出都在很大程度上增强了其人设特征。

具有这些国际背景的抖音红人，更能吸引粉丝群体的关注，并能满足粉丝对一些国外信息的需求。一般来说，抖音红人的标签越多，其具体的人设特征就会越明显。

除了国际背景的标签，一些抖音红人还会选择将自己设定成为粉丝的身边人，也就是粉丝身边非常熟悉的角色。“知心大姐”“啰嗦老妈”“怕老婆老公”等标签也是抖音红人经常选用的标签。

在抖音红人中，“忠哥”算得上是“怕老婆老公”的典型代表。在抖音平台上，“忠哥”塑造了一个藏私房钱“怕老婆”的小男人形象，圈粉无数。

抖音红人在为自己打造个人形象标签后，往往会在创作的内容中强化这一标签内容，这也是加强人设特征的重要手段。无论是“爆胎草莓粥”，还是“忠哥”，其短视频内容都是主要围绕各自的人设展开的。

打造独特的个人形象，能够吸引特定的目标粉丝群体。对于想要进行垂直领域运营的抖音红人，这是必要的运营环节。同时，品牌广告主在选择广告合作对象时，也会从抖音红人的个人品牌形象着手，与企业想要宣传的产品相契合，才能获得广告主的青睐。

7.5.3 成为个人超级 IP

在抖音红人中，仔细分析那些头部红人的账号信息你就会发现，那些居于头部地位的红人们大多形成了自己的超级IP。

在抖音平台上，形成个人超级IP，意义不仅在于拥有数千万量级的粉丝数量，更为重要的是它将会拥有极高的商业价值。

关于抖音头部红人的商业价值，此前市场有传，以植入广告报价来讲，一个粉丝的定价最高可以到5分钱。但对于大多数抖音头部红人来说，当抖音粉丝超过一定的数量级，这种定价标准也就不再适用了。

按照一个粉丝的价格是5分钱来算，拥有4000万粉丝的抖音红人，对外广告报价应该在200万元左右。但实际上，还没有哪个抖音头部红人能够达到如此高价。

所以，抖音头部红人的报价并不能这样简单地计算。一般来说，不同的抖音头部红人有自己的一套广告报价体系。不论这种体系是按照什么样的规则来计算的，这些抖音头部红人的广告报价都不会太低。

追求高商业价值是大多数抖音运营者的终极目标，一系列运营活动也都是为了创造更高的商业价值。

通过抖音平台实现价值变现的方式有很多，可以选择的路径也多种多样，但无论是哪一种方式、哪一条路径，所能创造的商业价值都不会高于打造个人的超级IP这种方式。

抖音红人千千万，真正能够成为头部红人，拥有自己超级IP的人却寥寥无几。一方面是因为当前抖音平台上的流量红利已经趋于峰值，另一方面也是因为抖音平台上的竞争已经趋于白热化。

随着粉丝在抖音平台上留存的时间不断增加，他们所接受的内容也变得越来越多，在越来越同质化的内容中，粉丝已经逐渐失去了继续寻找的兴趣。如果没有在抖音粉丝流量的红利期积累起自己的粉丝基础，在流量红利消退期将会更难完成这些工作。

打造个人超级IP没有什么独到的法门，或者说在本书前面所讲的众多内容，正是一步步走向个人超级IP的一种路径。在这个过程中，可能会涉及抖音账号设置问题、抖音粉丝定位问题、内容领域选择问题以及粉丝引流问题和粉丝价值变现问题，找到了这一系列问题的解决之道，也就能够逐渐接近个人超级IP这个目标。

当然，在这个过程中，大多数运营者也会遇到抖音内容审核不通过、抖音粉丝点赞量低、抖音粉丝恶意评论和其他运营者的内容抄袭。这些都是运营者走向个人超级IP这个目标过程中可能出现的问题，克服了这些问题，才能够继续向个人超级IP这个目标走下去。

一款App软件的出现，虽然所倡导的口号目标更多是出于商业意义的考量，但对于真正享受这个平台的运营者来说，在应用这个平台时，可以去掉一些对商业价值的考量。如果从“记录美好生活”的角度出发，运营者似乎更能够探索出一条属于自己的超级IP之路。